Howard Abell · Erfolgsrezept Day Trading

HOWARD ABELL

Erfolgsrezept Day Trading

Schnelle Gewinne an schnellen Märkten

FinanzBuch Verlag München

Copyright © der Originalausgabe by Howard Abell.
Erschienen bei Dearborn Financial Publishing, Inc. unter
dem Titel: The Day Traders Advantage

AUS DEM AMERIKANISCHEN VON GÜNTHER KREITMEIER

Gesamtbearbeitung: Michael Volk, München
Satz und Repro: Satz Team Berger, Ellenberg
Druck: Wiener Verlag GmbH, Himberg
Umschlaggestaltung: Markus Jürgens
Umschlagbild © by Bavaria

5. AUFLAGE APRIL 2000
© 1998 FINANZBUCH VERLAG MÜNCHEN
LANDSHUTER ALLEE 61 · 80637 MÜNCHEN
TEL.: 089/651285-0 FAX: 089/65 20 96
E-MAIL: ABELL@FINANZVERLAG.COM

ISBN 3-932114-18-3

Für mehr Bücher: www.finanzverlag.com

WIDMUNG

Ich möchte dieses Buch allen Tradern widmen, die den Mut haben, erfolgreich ihre Ziele zu verfolgen.

INHALT

Teil 5
Gewinnen versus verlieren

VORWORT

Vor 20 Jahren betrat ein Trader als Neuling das Parkett der welt-
größten Börse für Finanzfutures. Er hatte an einer Elite-Univer-
sität studiert, kannte die fundamentalen und technischen Faktoren, die die Märkte bewegen, er hatte den brennenden Wunsch
nach Erfolg und ein kleines Trading-Konto. Das war aber nicht genug. Beim Trading von Aktien und Futures sind Wissen, Entschlossenheit und Kapital allein kein Rezept für sofortigen Erfolg. Beim
Trading gibt es keinen heiligen Gral, Zaubertränke oder magische
Kugeln. Die unleugbare Wahrheit ist, daß erfolgreiches Trading die
ständige Bereitschaft erfordert, sich unerschütterlich selbst den
Spiegel vorzuhalten. Es ist eine permanente und herausfordernde
Übung in Selbstanalyse und Selbsterkenntnis. Meiner Erfahrung
nach verwechseln erfolglose Trader Selbsttäuschung mit Selbsterkenntnis. Sie haben stets eine Entschuldigung, um zu erklären, warum eine Spekulation nicht aufgegangen ist, so als seien sie Opfer
eines geheimnisvollen Übeltäters. Ihr Broker ist schuld, die Order-
ausführung, der Präsident der Notenbank oder irgendein anderer
Schurke von außen; nur sie selbst sind niemals schuld.

Der Schlüssel zum erfolgreichen Trading liegt immer darin,
seine eigenen persönlichen Charakterzüge weiterzuentwickeln
und zu erfüllen: Geduld, Urteilskraft, Mut, Intellekt und Selbstsi-
cherheit. Fügen Sie zu dieser Kombination noch Disziplin, Konzentration, Optimismus und das Vertrauen hinzu, daß sie optimal
darauf vorbereitet sind, im Gewittersturm der psychologischen
Kriegsführung ihre Schlachten zu schlagen. Negative Gedanken
und schwächende Emotionen sind die *wirklichen* Feinde beim Trading. Wie Gorillas im Nebel tauchen sie immer genau zum falschen Zeitpunkt auf. Egal, wie gut ihr Trading-System oder wie
stark ihr Wille ist, Erfolg zu haben, die technische Analyse wird sie
nie mit den psychologischen Fähigkeiten versorgen, um ein Miß-
geschick zu überstehen, negative Impulse zu bekämpfen oder ent-
kräftende Emotionen zu kontrollieren. Das wirliche Können beim
Trading entsteht aus dem Verständnis der relativ kleinen Rolle, die
Faktoren der technischen Analyse im gesamten Trading-Prozeß

spielen, und der ungemein wichtigen Funktionen, die eine korrekte Einstellung zu den Märkten und eine feste Überzeugung dabei einnehmen, dauerhaft profitable Resultate zu erleichtern.

Vor 20 Jahren hatte der eingangs erwähnte Trading-Neuling das große Glück, Howard Abell zu begegnen. Howard brachte mich auf den richtigen Weg, und daher stehe ich für immer in seiner Schuld. Es waren einfach die oben genannten Erkenntnisse, die er großzügig mit mir teilte. Ich erinnere mich noch lebhaft an Howards Meinung über die Trader, die sich im Studium der technischen Analyse verloren, ohne die richtige Einstellung zu entwickeln. Er bezeichnete sie als die Goldhamster des Trading, weil sie sich ständig im Laufrad der technischen Analyse bewegten, in einer endlosen und niemals erfolgreichen Suche nach dem perfekten System.

Als ich Howard erstmals begegnete, war er mit seinem Partner George Segal schon im ganzen Land als einer der erfolgreichsten Trader an der Warenterminbörse berühmt. Ich habe ihn viele Jahre lang bei der Arbeit beobachtet, auf dem Börsenparkett und vor einem Computerbildschirm. Er hatte die Präzision und das Timing eines Chirurgen, und immer war er mit vollem Herzen bei der Sache.

Es ist aus zwei Gründen eine Ehre für mich, daß Howard mich gebeten hat, das Vorwort zu *Erfolgsrezept Day Trading* zu schreiben. Erstens hätte er auch eine ganze Reihe anderer erfolgreicher Trader darum bitten können, die alle ohne zu zögern zugestimmt hätten. Zweitens – und das ist wesentlich wichtiger – ist es ein Privileg, das gelungene Werk eines Mannes zu unterstützen, den ich schon so lange und so gut kenne. Ich denke, dieses Buch ist das erste, das ein Trader von Howards Format geschrieben hat, und das seine Trading-Methode vollständig darlegt; die Vorgehensweise, die er Tag für Tag benutzt, um an den Märkten erfolgreich zu sein.

Einige Leser werden, nachdem sie Howards Erfolgsmethode kennengelernt haben, ungläubig zu sich selbst sagen: »Ist das alles? So simpel kann es doch gar nicht sein!« Den vielen anderen Lesern dieses Buchs, die es verstehen und die Tiefe des Konzepts erkennen, wünsche ich all die Erfüllung und all den Erfolg, der beim Trading möglich ist.

Bob Koppel

EINFÜHRUNG

Ein altes Sprichwort aus den Südstaaten lautet:»Der beste Dünger ist der Schatten des Farmers.« Das gilt für das Trading ebenso wie für die Landwirtschaft. Trading-Gewinne wachsen auf dem fruchtbaren Boden von Marktdisziplin, striktem Geldmanagement und der disziplinierten Anwendung einer bewährten Strategie.

Kein Trading-System ist perfekt, doch die Verwendung eines Systems ist entscheidend für den Erfolg. Um erfolgreich zu sein, muß ein System für kurzfristiges Trading profitabel, konsistent und auf die Persönlichkeit des Traders zugeschnitten sein. Kurz gesagt, es muß von einer gesamtheitlichen und umfassenden Trading-Strategie geleitet sein, die jederzeit die Merkmale eines dynamischen Markts berücksichtigt.

Nach allem, was ich weiß, hat bisher noch niemand eine profitable Methode für kurzfristige Spekulationen an den Aktien- und Futuresmärkten vorgestellt, die den unveränderlichen Kontext des Day Trading mit einbezieht: Unsichere und widersprüchliche Marktinformationen, destruktive Emotionen und zweideutige technische Indikatoren. Wie schafft sich ein Trader ein gewinnbringendes System, das mit seinen individuellen psychologischen und methodischen Anforderungen im Einklang steht? Bisher boten Bücher über Trading entweder einen Überblick über Systeme und Indikatoren, die man für Tradingzwecke verwenden konnte, oder ein spezielles System, das auf abstrakte Weise dargestellt wurde. Bestenfalls also ein hypothetisches Angebot. Wenn die Psyche des Traders in die Diskussion einbezogen wurde, dann wurde sie meist nur am Rande oder als theoretisches Konstrukt erwähnt, anstatt sie als grundlegenden und zentralen Aspekt jedes gewinnbringenden Systems hervorzuheben.

Erfolgsrezept Day Trading behandelt detailliert all die erwähnten Erwägungen. Es ist erwachsen aus 25 Jahren persönlicher Erfolge an der Börse und intimen Kenntnissen der Psychologie, auf der erfolgreiches Trading beruht. Es basiert auf meinen früheren Publikationen *The Innergame of Trading* (Irwin, 1993) und *The Outer*

Game of Trading (Irwin,1994), meiner persönlichen Arbeit in der Ausbildung von Tradern, auf dem Börsenparkett und anderswo, als Chef einer Clearing-Firma, die spezielles Augenmerk auf ihre eigenen Trader legt, und auch auf Gesprächen mit buchstäblich Hunderten von erfolgreichen Tradern.

Erfolgsrezept Day Trading baut logisch auf den Erkenntnissen meiner beiden früheren Bücher auf, die ich zusammen mit Bob Koppel geschrieben habe, und es sollte sich als unschätzbares Hilfsmittel für Trader erweisen, die ihre Performance wesentlich verbessern wollen.

Howard Abell

DANKSAGUNG

Die Beiträge vieler Menschen machten das Schreiben von *Erfolgs-rezept Day Trading* zu einer zutiefst lohnenden Erfahrung. Zu ihnen gehören David Silverman, Robin Mesch, Bill Williams, Larry Rosenberg, Tobi Crabel und Mei Ping Yang. Der Erfolg dieser Buchs ist ein Zeugnis für ihr außergewöhnliches Talent und ihre Kreativität. Insbesondere danke ich Bob Koppel, meinem Freund und Geschäftspartner, dessen Einsichten über die Märkte sich Tag für Tag als unschätzbar wertvoll erweisen. Bob ist die lebende Verkörperung der »Innergame«-Trading-Methode.

Ich danke auch Roslyn Kolin Abell, meiner Frau und besten Freundin, für ihre wichtigen Beiträge zur Systematik der Innergame-Methode und ihre starke Unterstützung über die Jahre.

Seine Einstellung macht den Menschen gesund oder krank,
traurig oder glücklich, reich oder arm.

Edmund Spenser

TEIL I

Psychologische und strategische Erwägungen

KAPITEL 1

Die Psychologie des erfolgreichen Trading

»Erfolgreiche Trader zeigen in ihrer Einstellung, warum sie an der Börse tätig sind, erstaunlich viele Gemeinsamkeiten. Zum Beispiel behaupten fast alle von ihnen, daß sie nicht wegen des Geldes traden, sondern den Markt als schwieriges Spiel sehen, das sich ständig verändert. Sie sind reich genug und haben ihre Geldanlagen breit genug gestreut, um sich diese Einstellung leisten zu können.«

Stanley W. Angrist
The Wall Street Journal

Wenn man ein Buch über Trading liest, stößt man fast immer auf die folgenden Grundregeln:

• Billig kaufen, teuer verkaufen.

• Gutes Geldmanagement ist wichtig.

• Traden sie nicht mit zu hohem Einsatz.

• Verwandeln Sie nie einen Gewinn in einen Verlust.

• Der Trend ist Ihr Freund.

• Lernen Sie, wie man verschiedene Auftragsarten richtig anwendet.

• Lassen Sie Verluste nicht anwachsen.

• Machen Sie hohe Gewinne.

• Machen Sie geringe Verluste.

- Tun Sie nie, was die Masse tut.
- Kaufen Sie beim Gerücht, verkaufen Sie bei der Nachricht.
- Der Markt hat immer recht.
- Meiden Sie Furcht und Gier.
- Traden Sie an umsatzstarken Märkten.
- Kaufen und verkaufen Sie nie nur wegen eines bestimmten Kurses.
- Halten Sie Kapital in Reserve.

Es gibt natürlich noch mehr solcher Trading-Regeln, und fast jeder kennt sie. Doch die grundlegende Frage bleibt: Warum erzielen an den Börsen nicht mehr Investoren und Trader die Ergebnisse, die sie sich wünschen?

Mein Ziel in diesem Buch ist es, klar herauszustellen, wie erfolgreiche Trader denken, und wie die besonderen Charakteristika im Denken und Handeln aussehen, die die erfolgreichsten Trader der Welt auszeichnen. Außerdem will ich zwei Fragen beantworten. Erstens: Wie wichtig für den Erfolg sind harte Arbeit, Geschicklichkeit, Disziplin, Geduld und Selbstvertrauen? Und zweitens die allerwichtigste Frage: Wie können Trader aus diesen Einsichten Vorteile ziehen, um beständig gewinnbringende Kurzfriststrategien für einen Trading-Plan in der Praxis zu entwickeln?

GRUNDLEGENDE STRATEGIEN FÜR KURZFRISTIGES TRADING

Im Grunde gibt es nur wenige grundlegende Strategien für Kurzfristspekulationen. Einige davon – aber nicht alle – sind die folgenden:

- Scalping
- Day Trading
- Spreading

Scalping

Im Futures-Handel sind die Scalper das Äquivalent zu den Market Makern an den Wertpapierbörsen, doch im Gegensatz zu Wertpapierhändlern müssen sie keine Kurse stellen. Ihr Hauptaugenmerk liegt darauf, kleine Gewinne zu machen, indem sie bei jeder Transaktion kleine Preisveränderungen ausnutzen. Scalper begrenzen ihren Einsatz, indem sie schnell und mit einem genau definierten Risiko die Positionen wechseln. Dadurch und bedingt durch ihre extrem kurze Zeitperspektive sind auch ihre Gewinnmöglichkeiten begrenzt.

Ob sie nun auf dem Börsenparkett oder außerhalb davon durchgeführt wird, beruht diese Methode in erster Linie auf Umsatzvolumen, nicht auf hohem Gewinnpotential einer einzelnen Transaktion.

Day Trading (die konventionelle Methode)

Der Day Trader hat eine längere Zeitperspektive als der Scalper. Er versucht, entscheidende Punkte im Marktgeschehen eines Tages zu finden. Er sucht nach Einstiegschancen, basierend auf der Erkennung von Kauf- und Verkaufshöhepunkten, Kursrückgängen, Rückschlägen bis zur Trendlinie und dergleichen. Sein Risiko ist begrenzt und gut definiert, doch seine Gewinnchancen sind höher, denn er sucht nach entscheidenden täglichen Wendepunkten, die zu längeren Marktbewegungen führen können. In der Regel wird die Position am Ende des Handelstags glattgestellt. Eine Strategie also, die die Risiken und Chancen einer über den Tag hinaus gehaltenen Position nicht zuläßt.

Day Trading (die Innergame-Swing-Methode)

Der Zeithorizont von Swing Tradern beträgt einen bis fünf Tage. Ihre Vorgehensweise stützt sich auf eine gut ausformulierte Berechnung, die auf dem Preisniveau, der Geschichte und einer Marktbeurteilung beruht, die aus der technischen oder fundamentalen Einschätzung erwachsen, zuweilen auch aus einer Kombination von beiden. Swing Trader halten ihre Positionen, bis sich die Marktdynamik meßbar angeglichen hat, bis das angestrebte

21

Kursniveau erreicht ist, oder bis die fundamentalen Rahmenbedingungen sich geändert haben. Notwendigerweise ist Swing Trading mit etwas höheren Risiken verbunden, obwohl diese Risiken genau berechnet und exakt definiert sind. Wegen der längeren Zeitperspektive ist natürlich auch das Gewinnpotential bei weitem höher. Swing Trading hat alle Vorteile des konventionellen Day Trading und zusätzlich das Gewinnpotential einer Position, die länger als nur einen Tag gehalten wird.

Tabelle 1.1 Die verbreitetsten Arten von Spread-Positionen

Strategie	Beispiel
Intracommodity Spread	Long-Position in Eurodollars, Termin März 1995 Short-Position in Eurodollars, Termin Juni 1996
Intercommodity Spread	Long-Position in Gold, Short-Position in Silber
Intermarket Spread	Long-Position in CBOT-Weizen Short-Position in KCBOT-Weizen

Spreading

Wer mit Spreads arbeitet, kann ein Scalper sein, ein Day Trader oder ein Swing Trader. Die Techniken des Spreading sind jedoch völlig anders. Spreader konzentrieren sich auf den Preisunterschied von Futures-Kontrakten, die in verschiedenen Monaten fällig werden, oder auf Preisunterschiede in verwandten Märkten (zum Beispiel Mais und Weizen, Gold und Silber oder Eurodollars und Bonds). Obwohl erfolgreiche Spreading-Strategien stets ein gutes Risiko-Management voraussetzen, bewirken die zahllosen Kombinationsmöglichkeiten dieser Technik höchst unterschiedliche Chance-Risiko-Verhältnisse (siehe Tabelle 1.1)

DIE FÄHIGKEITEN EINES ERFOLGREICHEN TRADERS

In seiner Autobiographie »Baruch: Meine Geschichte« (Holt, Rinehart and Winston, 1957) legt der legendäre Unternehmer Bernard Baruch zehn Regeln für erfolgreiches Spekulieren vor:

1. Betreiben Sie Spekulation entweder als Ganztagsbeschäftigung oder gar nicht.

2. Hören Sie nicht auf sogenannte Insiderinformationen oder Tips.

3. Bevor Sie ein Wertpapier kaufen, müssen Sie alles über das Unternehmen in Erfahrung bringen; vor allem seine Gewinne und sein Wachstumspotential.

4. Versuchen Sie nie, zum niedrigsten Kurs zu kaufen und zum Höchstpreis zu verkaufen. Das schaffen nur Lügner.

5. Stellen Sie Verlustpositionen schnell und ohne weiteres glatt. Der erste Verlust ist der beste.

6. Kaufen Sie nicht zu viele verschiedene Wertpapiere. Konzentrieren Sie sich auf einige wenige, die Sie aufmerksam verfolgen können.

7. Prüfen Sie von Zeit zu Zeit, ob Ihre Wertpapiere noch zu Ihrer Strategie passen.

8. Sie sollten wissen, wann ein Verkauf für Sie den größten Vorteil bringt. Das gilt natürlich auch für den Kauf.

9. Seien Sie nie voll investiert; halten Sie Liquidität zurück.

10. Seien Sie kein Hansdampf in allen Gassen. Konzentrieren Sie sich auf die Märkte, die Sie am besten kennen.

Quelle: Abgedruckt mit freundlicher Genehmigung von Henry Holt and Co., Inc.

Baruch, der sein Leben lang nichts davon hielt, Ratschläge zu geben oder anzunehmen, rechtfertigte seine Regeln erfolgreicher Spekulation mit dieser Warnung: »Weil ich Ratschlägen so skeptisch gegenüberstehe, habe ich lange gezögert, Regeln für intelligente Investition und Spekulation niederzuschreiben. Doch einige Dinge habe ich gelent, die anderen nutzen könnten, wenn sie die nötige Selbstdisziplin aufbringen.« Und ist das nicht das Wichtigste? Alle Regeln des intelligenten Investierens beginnen und enden damit, daß man sich spezifische psychologische Fähigkeiten, die für erfolgreiches Trading erforderlich sind, aneignen und sie bis zur Perfektion ausbilden muß.

Gerade wegen seiner kurzen Zeitperspektive zwingt uns das Day Trading dazu, mit unserer Psychologie zu schwimmen oder unterzugehen. Es ist der konzentrierte zeitliche Rahmen, in dem man in Sekundenbruchteilen Entscheidungen treffen muß, und zwar in einem Kontext, besser gesagt in einem Sperrfeuer widersprüchlicher Daten, der es manchmal unmöglich erscheinen läßt.

Doch es ist nicht unmöglich. Nach meiner Erfahrung kann Day Trading psychologisch wie finanziell ungemein lohnend sein. Aber nur dann, wenn man mit der richtigen Einstellung an die Sache herangeht und über die nötigen psychologischen Fähigkeiten verfügt.

»Wer viel über andere weiß, mag ein Gelehrter sein, doch wer sich selbst versteht ist intelligenter. Wer andere kontrolliert, verfügt vielleicht über mehr Einfluß, doch wer sich selbst kontrolliert, ist noch mächtiger.«

Lao-Tse
Chinesischer Philosoph

Tabelle 1.2 Die nötigen psychologischen Fähigkeiten, um als Day Trader erfolgreich zu sein

• Zwingende persönliche Motivation	• Kontrolle über die eigene Angst
• Ein festes Ziel	• Konzentration
• Selbstvertrauen	• Kontrolle über die eigenen Emotionen

Tabelle 1.3 Die Bedeutung von Zielen beim Day Trading

Ziel	Nutzen	Verhalten beim Trading
Performanceziel	Konzentration auf eine Verbesserung im Vergleich zum aktuellen Niveau.	Verbessert die physischen und psychologischen Fähigkeiten beim Trading.
Ergebnisziel	Hilft bei der Bestimmung, was für den Trader persönlich wichtig ist.	Entwickelt Techniken und Strategien, die zur Persönlichkeit des Traders passen.
Motivationsziel	Hilft, die Anstrengungen zu verstärken und lenkt die Aufmerksamkeit.	Verstärkt die Begeisterung und das Selbstvertrauen des Traders.

PSYCHOLOGISCHE FÄHIGKEITEN EINES ERFOLGREICHEN DAY TRADERS

Bestimmte psychologische Fähigkeiten müssen erkannt, erlernt und trainiert werden, um beim Day Trading erfolgreich zu sein. Sie sind in Tabelle 1.2 aufgelistet und sollen nun detailliert erklärt werden.

Zwingende persönliche Motivation

Zwingende Motivation bedeutet, alles Erforderliche dafür zu tun, beim Trading zu gewinnen. Etwa einen schlechten Tag oder einen Rückschlag zu überstehen, um seine Ziele zu erreichen. Es bedeutet auch, an seinem Trading-Plan festzuhalten und es keinem momentanen Impuls, aus Furcht oder Gier erwachsen, zu erlauben, seine Entscheidungen zu kontrollieren. Viele Day Trader leben in einer Achterbahn hinderlicher Emotionen. Das ist nicht der Boden, auf dem erfolgreiches Trading gedeiht.

Ein festes Ziel

Zielsetzung ist für Trader enorm wichtig. Sie fokussiert den Trader auf das, was hinsichtlich Motivation, Ergebnis und Techniken wichtig ist. Ziele geben auch für den Trading-Plan Richtung und

Schwerpunkte an. Man muß wissen, was man erreichen will, um zu einem exzellenten Trading-Ergebnis zu kommen. Man muß ohne Vorbehalt die Frage beantworten können: Betreibe ich Scalping, Day Trading oder Swing Trading? Beträgt mein Zeitrahmen fünf Minuten, 30 Minuten oder fünf Tage? Und dann muß man entsprechend handeln. Ein festes Ziel ermöglicht Entscheidungen ohne Zögern oder Unklarheiten. Tabelle 1.3 erläutert die Bedeutung der Trading-Ziele und Ihre Gründe.

Tabelle 1.4 Praktische Definitionen von Trading-Zielen

- Spezifisch: Klar, präzise, gut definiert

- Zeitlich begrenzt: Innerhalb eines bestimmten Zeitrahmens festgesetzt.

- Positiv: Auf eine Art und Weise festgelegt, die ermutigend wirkt.

- Kontrolliert: Vollständig unter der Herrschaft des Traders.

- Realistisch: Es ist nicht nötig, ein George Soros zu werden. Das war Georges Ziel.

- Meßbar: Leicht zu quantifizieren.

Wenn Sie sich Ziele setzen, dann stellen Sie sich die folgenden Fragen:

- Habe ich einige klar definierte Trading-Ziele?

- Habe ich etwas Besonderes getan, das mich meinen Zielen näherbringt?

- Habe ich eine klare Vorstellung davon, was ich gerade jetzt am Markt erreichen will?

- Konzentriere ich mich mehr auf Ziele als auf Vorgehensweisen?

- Bewerte ich meine Fortschritte stärker nach Ergebnissen als nach Aktivitäten?

Wenn Sie über Ihre Ziele nachdenken, dann erinnern Sie sich daran, daß sie die in Tabelle 1.4 genannten Kriterien erfüllen sollten.

Tabelle 1.5 Entstehungsgründe von Ängsten beim Day Trading

Art der Angst	Auswirkungen	Lösung
Versagensangst	Der Trader verspürt einen enormen Druck, erfolgreich zu sein, verbindet sein Selbstwertgefühl mit dem Trading, wird zum Perfektionisten oder macht sich zu große Sorgen, was andere über ihn denken.	Konzentrieren Sie sich auf die Anwendung Ihrer Methode und repetieren Sie innerlich die Handelstechniken. Erinnern Sie sich auch immer wieder daran, daß es beim Trading nicht darum geht, jemandem etwas zu beweisen. Je mehr Sie sich auf Ihre Methode konzentrieren können, desto besser werden Sie diese Art von Angst unter Kontrolle bekommen.
Angst vor Erfolg	Der Trader verliert die Kontrolle oder handelt euphorisch. Er oder Sie zweifelt an sich selbst.	Wenn Ihr Trading-System in puncto Performance statistische Zuverlässigkeit bewiesen hat, dann stärken Sie Ihre Zuversicht, indem Sie mental das Eingehen, das Management und das Glattstellen Ihrer Trading-Position wiederholen. Fühlen Sie buchstäblich, wie Sie persönlich Zuversicht empfinden.
Kontrollverlust	Der Trader hat das Gefühl, daß der Markt ihm eins auswischen will (das will er nicht!) Der Trader verliert das Gefühl der persönlichen Verantwortung beim Trading.	Lernen Sie, beim Trading physisch und psychisch entspannt zu sein. Konzentrieren Sie sich auf Ihre spezifische Methode und rechnen Sie mit kleinen Verlusten!

Bei der Ausbildung unserer eigenen Trader habe ich die Erfahrung gemacht, daß Trader aus mancherlei Gründen ihre Ziele aus den Augen verlieren. Dazu gehören der Glaube an die eigene Begrenztheit, schlechte Stimmung, eine unzureichend definierte persönliche Strategie und der Mangel an physischer und psychischer Energie.

Die Überwindung dieser Hindernisse beruht eher auf psychologischer als auf technischer Analyse – aber das wissen Sie natürlich schon.

Selbstvertrauen

Wenn ich von Selbstvertrauen spreche, meine ich nicht stolzes Gehabe, Euphorie oder Arroganz. Selbstüberschätzung ist beim Trading tödlich. Im Gegensatz dazu ist Selbstvertrauen ein wesentlicher Punkt; es ist Ausdruck dafür, daß der Trader an sich glaubt und sein Tun unter Kontrolle hat. Selbstvertrauen ist der mentale Zustand, in dem man mühelos ein gutes Resultat als Folge harter Arbeit, Disziplin und einer effektiven Methode erwartet, deren Wirksamkeit geprüft und nachgewiesen ist.

Kontrolle über die eigene Angst

Manchmal denke ich, Angst sei eigens für das Trading erfunden worden! Trader müssen sich mit so vielen Ängsten auseinandersetzen und sie meistern, um erfolgreich zu sein und ihre bewährte Strategie anzuwenden! Tabelle 1.5 erläutert die verbreitetsten Ängste, wie sie sich auswirken und wie man mit ihnen fertig wird.

Konzentration

Tabelle 1.6 erläutert die Konzentration, die für erfolgreiches Day Trading erforderlich ist.

Kontrolle über die eigenen Emotionen

Um erfolgreich zu sein, müssen Sie ständig in einer mentalen Verfassung sein, die es Ihnen erlaubt, einen hohen Grad an Selbstbewußtsein, unerschütterliche Zuversicht und Konzentration von

Tabelle 1.6 Wie ein erfolgreicher Day Trader handelt

Gut analysierter → und stategisch ausgefeilter Trade (beruhend auf den Gesetzen der Wahrscheinlichkeit).	Automatische Ausführung → (basierend auf Konzentration und Zuversicht).	Erfolgreiche Trading-Resultate (egal, ob ein bestimmter Trade Gewinn oder Verlust bringt).

der Schärfe eines Laserstrahls zu bewahren. Diese mentale Verfassung läßt sich charakterisieren mit: entspannt, konzentriert, frei von Ängsten, voll Vertrauen auf sich selbst und konstruktiv (siehe Tabelle 1.7).

Eine positive mentale Verfassung ist das Resultat ständig fortschreitender verbaler Einstellungen, Meinungen und Vorstellungen, die Ihre Performance verbessern werden. Hier einige Dinge, die Sie sich merken sollten:

- Erwarten Sie von sich das Beste.

- Etablieren Sie einen persönlichen Standard hervorragender Leistungen.

- Schaffen Sie eine innere Atmosphäre des Erfolgs, basierend auf visuellen, akustischen und kinetischen Vorstellungen, die Ihre Performance verbessern.

- Kommunizieren Sie mit sich selbst auf positive und effektive Weise. Sehen Sie sich als positiv, kreativ und als jemanden, der sich selbst ermutigt.

- Repetieren Sie innerlich ein System persönlicher Überzeugungen, die ihre mentale Verfassung sofort verbessern können.

Tabelle 1.7 Die mentale Verfassung des erfolgreichen Day Traders

Positive mentale → Verfassung	Erlaubt es, ohne zu zögern seine → Trading-Strategie anzuwenden	Positives Trading-Ergebnis

Tabelle 1.8 Die Syntax des erfolgreichen Day Trading

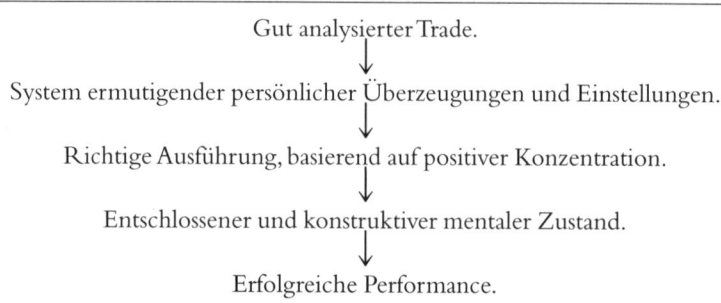

Gut analysierter Trade.

↓

System ermutigender persönlicher Überzeugungen und Einstellungen.

↓

Richtige Ausführung, basierend auf positiver Konzentration.

↓

Entschlossener und konstruktiver mentaler Zustand.

↓

Erfolgreiche Performance.

Die für erfolgreiches Day Trading nötigen psychologischen Fähigkeiten erfordern ständige Selbstverpflichtung und Konditionierung. Man muß sie tagein, tagaus trainieren. Ich halte meine Charts für 20 verschiedene Warenpreise seit mehr als 25 Jahren per Hand auf dem aktuellen Stand. Technische Analyse ist sehr wichtig. Meiner Meinung nach ist sie jedoch nicht so wichtig wie die Arbeit an den psychologischen und verhaltensmäßigen Aspekten des Trading im allgemeinen und des Day Trading im besonderen. Der vollständige Prozeß des erfolgreichen Day Trading ist in Tabelle 1.8 dargestellt.

»Sie lernen, die guten Trader von den schlechten zu unterscheiden, erfolgreiche Techniken von erfolglosen und die guten Angewohnheiten von den falschen. Sie lernen auch, den Liebhaber vom Kämpfer zu unterscheiden, die ernsthaften Leute von den leichtsinnigen, die Denker von den Oberflächlichen und den Freund vom Feind. Vor allem aber lernen Sie, daß die psychologische Ausstattung des Traders das wichtigste Element des Erfolgs ist.«

Leo Melamed
Leo Melamed on the Markets

Wie man die psychologischen Barrieren überwindet, an denen die meisten Day Trader scheitern

Ich habe noch nie jemanden kennengelernt, der nur auf dem Papier tradet und damit in der Realität beständig Geld verlieren würde. Es ist komisch, aber sie alle verdienen – auf dem Papier wohlgemerkt – offenbar enorm viel Geld. Wenn mein Partner Bob Koppel auf einer Trading-Konferenz einen Vortrag hält, wird er während seiner Präsentation unweigerlich mit einem dieser Trader konfrontiert – in der Regel ist es ein Rechtsanwalt oder ein Arzt –, die mit ihm darüber diskutieren, warum er »unnötigerweise« soviel Wert auf die psychologischen Aspekte des Trading legt. Bob nimmt das in der Regel mit Humor und erinnert den Fragesteller, daß er keine neuartige »Wissenschaft« verkünden, sondern seinen Zuhörern nur die Dinge nahebringen will, die für seine eigene Entwicklung als Trader von entscheidender Bedeutung waren. Er fügt hinzu, daß seine Sicht der Dinge durch die Gespräche bestätigt worden ist, die wir mit vielen der erfolgreichsten Trader der Welt geführt haben. Und dann sagt ihm Bob, er freue sich schon auf den Telefonanruf des Fragestellers, wenn der wirklich dazu entschlossen sei, ein ernsthafter Trader zu werden.

In der Regel kommt der Anruf sechs Monate später. Oft hört er sich so an:»Mr. Koppel, ich habe ein großes Problem. Ich habe da dieses großartige Trading-System, aber ...«

Die Einzelheiten können wir uns sparen, sie haben sicher schon verstanden.

Tabelle 2.1 Die wesentlichen psychologischen Hindernisse für erfolgreiches Day Trading

- Fehlende Verlustdefinition
- Verluste und Gewinne nicht durch Verkauf realisieren
- Sich an einer Überzeugung festbeißen
- Trading aufgrund von »Insiderinformationen« oder Tips
- »Kamikaze«-Trading
- Euphorisches Trading
- Den eigenen Zahlen nicht trauen
- Einen Kursausbruch nicht nutzen
- Fehlende Konzentration auf gute Gelegenheiten
- Recht behalten für wichtiger ansehen als Geld gewinnen
- Versuchen, perfekt zu sein
- Keine konsistente Anwendung des persönlichen Trading-Systems
- Das Fehlen eines gut definierten Geldmanagement-Systems
- Nicht in der richtigen mentalen Verfassung sein.

HINDERNISSE FÜR ERFOLGREICHES TRADING

Beim Day Trading müssen spezifische psychologische Barrieren überwunden werden. Sie sind in Tabelle 2.1 aufgelistet und sollen nun detailliert besprochen werden.

Fehlende Verlustdefinition

Niemand kauft in der Erwartung eines Verlusts. Niemand kauft und rechnet dabei mit einem Markteinbruch, niemand verkauft in der Annahme, der Markt werde nach oben ausbrechen und auf neue Höchstmarken klettern. Aber, um ein berühmtes Sprichwort abzuwandeln:»Die Dinge geschehen einfach.« Day Trader müssen den Punkt, an dem sie einen Verlust durch Glattstellen der Position begrenzen, ohne Vorbehalt definieren, *bevor* sie die Position eingehen, nicht erst danach. Wenn sie ausgestoppt werden, dann rappeln Sie sich wieder auf, klopfen den Staub von ihrer Kleidung und fangen wieder von vorne an.

»Schau nach links und rechts, bevor Du über die Straße gehst! Ich habe das eine Million Mal gehört, aber wissen Sie was? Neulich hätte mich beinahe ein Auto überfahren. Ich ging über die Franklin Street, telefonierte mit einem Trader und merkte nicht, daß die Ampel umgeschaltet hatte. Ein Auto fuhr aus einer Parkgarage, hupte und verfehlte mich um wenige Zentimeter. Ich erschrak fürchterlich! Mein kleiner vierjähriger Neffe sagte: »Onkel Tony, stehenbleiben, schauen und hören!« Das ist ein Klischee, nicht wahr? Aber wieviele Trader halten sich an diese Marktregel?«

Tony Saliba
Einer der *»Magier der Märkte«*

Verluste und Gewinne nicht durch Verkauf realisieren

Jeder Day Trade sollte seine eigene innere Logik haben, beruhend auf den Gesetzen der Wahrscheinlichkeit, und er sollte in Übereinstimmung mit Ihrer eigenen Methode stehen. Wenn der Markt sich nach oben oder unten bis zu Ihrem Austrittspunkt bewegt hat, müssen Sie automatisch und ohne zu zögern reagieren. Sie müssen den Gewinn oder den Verlust realisieren. Wenn der Markt sich später wieder in Ihre Richtung bewegt, finden Sie einen neuen Einstiegspunkt auf der Basis der Wahrscheinlichkeitsgesetze, der mit Ihren technischen Annahmen in Einklang steht. Der Wiedereintritt ist ein wichtiges Element jedes Trading-Systems. Wenn der Markt Ihnen einen Profit gewährt, ist es wichtig, daß sie ihn annehmen. Es ist psychologisch wichtig, daß sie den Trade mit Geld in der Tasche verlassen.

Sich an einer Überzeugung festbeißen

Es ist so leicht, in diesem Gefängnis der eigenen Meinung eingeschlossen zu werden. Der Markt lügt nicht; einem aufmerksamen Beobachter zeigt er alles. Sie dürfen Ihre subjektive Meinung nicht mit dem objektiven Marktgeschehen verwechseln. Merken Sie sich: Der Markt ist nicht verpflichtet, sich nach *ihrer* Meinung zu richten! Day Trader müssen sich an eine einzige exakte Methode halten, die funktioniert. Alles andere ist nur eine weitere Meinung. Der Erfolg ist entscheidend, alles andere ist nebensächlich.

Trading aufgrund von »Insiderinformationen« oder Tips

Insiderinformationen sind nur etwas für Verlierer! Wenn Sie sie bekommen, haben sie sich schon weit verbreitet. Wenn Sie nicht die Rolle einer Salami spielen wollen, die in die Aufschnittmaschine gerät, dann handeln Sie nicht aufgrund fremder Tips. Typischerweise kommen solche Informationen von den Telefonhändlern oder den Händlertischen. Man sagt Ihnen, wenn der Markt unter ein bestimmtes Niveau fällt, werde der Parketthandel zu kaufen oder zu verkaufen beginnen. Wenn diese Leute so schlau wären, würden sie nicht an Telefonen sitzen, sondern in den Ring steigen und Trades ausführen!

»Kamikaze«-Trading

Was soll man da sagen? Flugzeuge, die abstürzen, fliegen nicht mehr! Wenn Sie sich zornig oder betrogen fühlen, wenn Sie das Bedürfnis nach Rache haben, dann bewerben Sie sich für ein Jura-Studium, aber machen Sie keine Börsengeschäfte. Sie würden auf die Nase fallen.

Euphorisches Trading

Euphorisches Trading ist das Gegenteil des »Kamikaze«-Trading. Sie fühlen sich unbesiegbar, heldenhaft, kugelsicher. Sie meinen, die Lotterie kann gar nicht anders, als Ihre Losnummer zu ziehen. Sobald Sie Ihre Objektivität verlieren, werden Sie von Kugeln durchsiebt!

Den eigenen Zahlen nicht trauen

Day Trader können es sich nicht leisten, zu zögern, wenn Sie einen vielversprechenden Trade ausfindig gemacht haben. Es schwächt sowohl finanziell als auch psychologisch, sich in diesem Fall nicht den Ball zu schnappen und loszulaufen. Sie müssen so

34

diszipliniert sein, immer die Trades einzugehen, die mit Ihrer Methode übereinstimmen; ganz egal, wie solche Gelegenheiten zustande kommen. Wenn Sie den Trade eingehen und ausgestoppt werden, dann willkommen in der Welt des Day Trading! Denken Sie daran: Wenn man den Ball nicht hat, kann man keinen Treffer erzielen.

Einen Kursausbruch nicht nutzen

Wenn man den Vorteil eines Kursausbruchs nicht nutzt, dann ist das eine weitere Spielart des Zögerns. Es ist, wie wenn man zum Flughafen geht und den Flugzeugen beim Abheben zusieht. Würde es nicht Spaß machen, einfach einmal einzusteigen und an einem aufregenden Ziel zu landen?

Fehlende Konzentration auf gute Gelegenheiten

Sie werden am Markt vielen dauernden und konsistenten Zerstreuungen begegnen. Beim Day Trading hängt enorm viel von der Fähigkeit ab, hinter den Lärm, das Geschwätz und den Rauch zu sehen! Wenn Sie Ihrer Methode mit einem hohen Maß an Selbstvertrauen und Optimismus treu bleiben, bleibt ihre Konzentration klar. Sie müssen einen Weg finden, jeden Schwindel zu durchschauen!

Recht behalten für wichtiger ansehen als Geld gewinnen

Wollen Sie ein Analyst werden oder ein Trader? Diese Frage müssen Sie beantworten! Wenn Ihre technische Analyse Ihnen zu einem akademischen Grad verhilft, dann treten sie in eine Universitätsfakultät ein. Sie werden dabei Geld sparen! Beim Trading geht es nicht um Gelehrsamkeit, es geht darum, Geld zu verdienen. Das heißt nicht, daß Geld Ziel aller Ihrer Bemühungen sein soll. Ich glaube, das sollte es nicht sein. Aber das hier ist ein Spiel, bei dem das Ergebnis in harter Währung ausbezahlt wird. Es genügt nicht, wenn man betont, man habe den Hoch- oder Tiefpunkt des Markts erwischt.

»Ich weiß, daß es für manche Leser seltsam klingt, doch es gibt einen inversen Zusammenhang zwischen Analyse und Trading-Ergebnissen. Mehr Analyse oder die Fähigkeit, das Geschehen an den Märkten genauer zu unterscheiden, produziert keine besseren Trading-Resultate. Viele Trader hängen diesem anstrengenden Irrglauben an und meinen, mehr oder bessere Analyse würde Ihnen das nötige Selbstvertrauen geben, um das für den Erfolg Erforderliche zu tun. Ich nenne das ein Trading-Paradoxon, mit dem sich die meisten Trader nur schwer oder gar nicht abfinden können, bis sie feststellen, daß man die Analyse nicht dazu benutzen kann, seine eigene Angst vor falschen Entscheidungen oder Geldverlusten zu überwinden. Es funktioniert einfach nicht!«

Mark Douglas
The Outer Game of Trading

Versuchen, perfekt zu sein

Man muß nicht perfekt sein, nur hervorragend! Wenn man hervorragend ist, erzielt man Ergebnisse; Perfektion produziert Magengeschwüre.

Keine konsistente Anwendung des eigenen Trading-Systems

Ihr Trading-System erfüllt nur einen einzigen Zweck: Sie sollen es so anwenden, daß Sie Gewinne erzielen, die sich anhäufen wie eine angenehm anzusehende Schneeverwehung.

Das Fehlen eines gut definierten Geldmanagement-Systems

Über Geldmanagement sind buchstäblich Hunderte von Büchern geschrieben worden. Sie müssen sie nicht lesen! Für die Zwecke des Day Trading sollte jede Position eine Chance-Risiko-Relation von mindestens zwei zu eins aufweisen.

Nicht in der richtigen mentalen Verfassung sein

Es klingt komisch, aber es läuft wieder auf die mentale Verfassung hinaus. Nach meiner Erfahrung sind 90 Prozent aller Mißerfolge beim Trading darauf zurückzuführen, daß der Betreffende nicht in der richtigen psychischen Verfassung war. Die richtige Verfassung produziert die richtigen Ergebnisse!

»Wir glauben fest daran, daß es darauf ankommt, seine psychische Verfassung ständig dadurch zu verbessern, daß man sich auf diejenigen äußeren und inneren Phänomene konzentriert, die einem erlauben, konstruktiv zu sein und seiner Trading-Strategie treu zu bleiben. Wir haben demonstriert, wie man das macht, indem man positive Glaubenssätze und Gedanken entwickelt und seine Physiologie steuert. Wenn ein negativer Gedanke ins Bewußtsein dringt und beginnt, ihre Konzentration zu stören, kämpfen Sie nicht dagegen an. Nehmen Sie ihn zur Kenntnis und machen Sie weiter.«

Koppel und Abell
The Outer Game of Trading

Erfolgreiches Trading läuft im Kern auf Folgendes hinaus: Formulieren Sie einen Trading-Plan, der funktioniert, überwinden Sie Ihre eigenen mentalen Barrieren und gewöhnen Sie sich an, Gefühle des Glaubens an sich selbst, einer hohen Selbsteinschätzung sowie einer unerschütterlichen Überzeugung und eines entsprechenden Selbstvertrauens zu entwickeln. Dies führt auf ganz natürliche Weise zu guten Urteilen und gewinnbringenden Trades mit einer bewährten Methode, die auf den Gesetzen der Wahrscheinlichkeit beruht.

WAS VERLEIHT EINEM DEN ENTSCHEIDENDEN VORTEIL BEIM DAY TRADING?

Der entscheidende Punkt, der den Unterschied beim Day Trading ausmacht, läuft auf Folgendes hinaus:

1. *Verstehen Sie voll und ganz ihre Motivation zum Trading.* Sobald Sie Ihre Motive kennen, untersuchen Sie sie sorgfältig. Die meisten Trader befinden sich in einem ständigen Konflikt. Meine Erfahrung zeigt, daß die meisten Leute, die glauben, sie wollten Day Trader sein, es eigentlich doch nicht wollen.

37

2. *Entwickeln Sie eine persönliche Strategie, die funktioniert und zu Ihrer Persönlichkeit paßt.* Wenn Sie bei der Anwendung Ihres Systems kein gutes Gefühl haben, dann werden Sie schon verloren haben, bevor Sie anfangen. Merken Sie sich: Es liegt in der Natur des Day Trading, daß Sie ein System anwenden müssen, das völlig unter Ihrer Kontrolle steht.

3. *Es muß Spaß machen.* Ich kann diesen Punkt gar nicht genug betonen. Beim Trading muß man buchstäblich ein gutes Gefühl haben. Sie müssen in einer mentalen Verfassung sein, die es Ihnen erlaubt, den Vorgang ohne Mühe zu genießen, kreativ zu sein und gute Einschätzungen zu treffen, sogar wenn Sie verlieren! Sie müssen es nicht mögen, zu verlieren, aber Sie brauchen einen Sinn für Humor.

4. *Harte Arbeit ist unumgänglich.* Daran führt kein Weg vorbei. Sie müssen die nötige Zeit aufwenden. Wie Thomas Edison sagte: »Viele Leute erkennen eine günstige Gelegenheit nicht, weil sie im Overall daherkommt und nach harter Arbeit aussieht.«

5. *Selbstvertrauen.* Sie müssen über ein Repertoire an persönlichen Glaubenssätzen verfügen, das Ihre hohe Selbsteinschätzung und das Vertrauen in Ihre Analyse und die Ausführung von Trades beständig verstärkt. Und zwar, wie erwähnt, egal, ob Sie gewinnen oder verlieren. Ich muß wohl nicht betonen, daß Disziplin, Geduld, die Übernahme persönlicher Verantwortung und wiederholte Erfolge beim Day Trading dies erheblich leichter machen.

6. *Ein positiver mentaler Zustand.* Alle Top-Trader haben eine innere mentale Einstellung entwickelt, die Ängste vermindert und Spitzenleistungen fördert. Dieses Ziel erreichen sie, indem sie sich äußere Ereignisse innerlich vorstellen, und zwar auf eine Weise, die Erfolg sichert. Sie wenden dazu ein System von Glaubenssätzen an, die das Konzept des Scheiterns nicht zulassen, und sie konzentrieren sich auf das, was zum Erreichen eines Ziels notwendig ist. Kurz gesagt: Sie haben die Fähigkeit erworben, sich in einen mentalen und physischen Zustand zu versetzen, der konstruktiv ist und alles gewährleistet, was für den Erfolg nötig ist. In Tabelle 2.2 finden Sie eine Zusammenfassung der wesentlichen Qualitäten, die Ihnen beim Day Trading den entscheidenden Vorsprung verschaffen.

Tabelle 2.2 Entscheidende Faktoren zur Bestimmung des Vorteils, der den Unterschied beim Day Trading ausmacht

Verhalten des Traders	Er hat den Vorteil	Er verliert den Vorteil
Geduld	Er wartet auf Chancen, die sich auf Basis eines gut durchdachten Plans ergeben.	Er plant sehr wenig. Seine Reaktionen hängen von persönlichen Launen ab.
Disziplin	Er behält das Wesentliche im Blick und reagiert überlegt.	Er ist emotional, ängstlich und weiß oft nicht, was er tun soll.
Strategie	Er plant sorgfältig, begrenzt Verluste und läßt Gewinne anwachsen.	Er plant wenig oder gar nicht und verläßt sich nicht auf eine konsistente Methode.
Wissen	Er ist gut vorbereitet und hat seine Hausaufgaben gemacht.	Er weiß wenig über den Markt und ist nicht vorbereitet.
Motivation	Er hat Langfristmotive, zum Beispiel die intellektuelle Herausforderung.	Er will Geld verdienen; er will eine sofortige Belohnung.
Ziele	Er definiert seine Ziele klar.	Er hat schlecht definierte Ziele.
Risikokontrolle	Er will ein gut kontrolliertes Chance-Risiko-Verhältnis.	Er hat kaum oder keine Kontrolle über das Chance-Risiko-Verhältnis.
Mentale Verfassung	Er hat positive, konstruktive und bestärkende Glaubenssätze und ist konzentriert. Seine Selbsteinschätzung ist hoch, sein Selbstvertrauen stark. Er ist entspannt und zuversichtlich.	Er ist nervös, ängstlich und meint, das Schlimmste werde passieren. Seine Konzentration ist abgelenkt, seine Trades sind von Selbstzweifeln geprägt.

»Sie müssen sich die Zeit nehmen und die Eigenschaften erfolgreicher Trader studieren. Sie müssen Ihre eigenen Fehler studieren. Sie müssen die Fehler anderer Leute studieren. Ein verbessertes Urteilsvermögen wird Sie allmählich in die Lage versetzen, zu verstehen, wer Sie sind. Sie müssen wirklich Ihre eigene Persönlichkeit studieren und verstehen, was mit Ihnen los ist. Es ist mir nicht ganz klar, ob ich das alles damals getan habe, als ich Volkswirtschaft und die Wissenschaft des Trading studierte, mich in die Psychologie des Trading einarbeitete und schließlich zu einer Art von philosophischer Sichtweise des ganzen Trading-Prozesses gelangte. Es ist mir nicht klar, warum ich die ganze Sache nicht umgekehrt angegangen bin und gleich am Anfang Philosophie und Psychologie studiert habe. Vielleicht hätte das den ganzen Vorgang vereinfacht.«

Jeffrey Silverman
The Innergame of Trading

KAPITEL 3

Die Strategie und der Gesamtplan

»Jeder kann die Taktik sehen, die mir zu meinen Eroberungen verhilft. Was aber niemand sehen kann ist die Strategie, aus der der Sieg erwächst.«

Sun-Tzu
Die Kunst des Krieges

Für Day Trader ist es wichtig, zwischen Trading-Strategie und Trading-Taktik unterscheiden zu können. Strategie ist der Prozeß, in dem man seine wesentlichen Trading-Ziele festlegt und dann einen Handlungsablauf skizziert, durch den man alle nötigen Mittel erwirbt, um diese Ziele zu erreichen. Trading-Taktik betrifft die Umsetzung allgemeiner strategischer Ziele in spezifische Zielvorgaben, die für eine einzelne Komponente des Trading-Plans von Bedeutung sind.

Im Teil II stelle ich mein eigenes Day-Trading-System vor, die Methode des Innergame-Swing-Trading. Ich konzentriere mich dabei auf bestimmte Taktiken und technisch-analytische Erwägungen. Um jedoch einen Rahmen für den strategischen Zusammenhang ihrer Anwendung zu schaffen, will ich mich zunächst auf die meiner Meinung nach wesentlichen Elemente einer erfolgreichen Day-Trading-Strategie konzentrieren, die allen taktischen Anwendungen zugrundeliegen.

Die wesentlichen Elemente des erfolgreichen Day Trading

Erfolgreiches Day Trading beruht auf einer Anzahl wesentlicher Elemente, die in Tabelle 3.1 aufgelistet sind und nun detailliert besprochen werden sollen.

Tabelle 3.1 Die wesentlichen Elemente einer erfolgreichen Day-Trading-Strategie

---

- Sie setzt persönliche Verantwortung für alle Handlungen am Markt voraus.
- Sie bezieht Ihre Motivation für das Trading mit ein.
- Sie schafft einen klaren, präzisen Aktionsplan.
- Sie schafft einen Konzentrationsschwerpunkt.
- Ihre Durchführung verläuft automatisch und mühelos.
- Sie beinhaltet Risikomanagement und kalkuliert Verluste ein.
- Sie schafft keinen Zeitdruck.
- Sie ist praktisch orientiert, und zwar am Profit.
- Sie ermöglicht es, konsistente Resultate zu erzielen.

Sie setzt persönliche Verantwortung für alle Handlungen am Markt voraus

Trader sagen oft, sie »machen einen Gewinn«, aber sie »erleiden einen Verlust«. Die Realität ist natürlich, daß *wir* für beide verantwortlich sind. Sie, der Trader, produzieren die Resultate. Das erscheint selbstverständlich. Ich kann Ihnen jedoch versichern – aus meinen 25 Jahren an Erfahrung, in denen ich mit Hunderten von Tradern zusammengearbeitet habe –, daß ein Trader, der wirklich nach diesem Motto lebt, die ganz große Ausnahme ist.

»Es ist nicht Ihr Broker, Ihr Schwager, der Chef der Notenbank, die Auftragsausführung, der Computer oder der Bericht über die Zahl der Arbeitslosen. Sie sind es! Das ist einfach eine Tat-

sache, die bei der Anwendung jeder Trading-Strategie voraus-
gesetzt werden muß: Sie sind für die Resultate verantwortlich.
Ob Gewinn oder Verlust – es liegt an Ihnen«.

Koppel und Abell
The Outer Game of Trading

Sie bezieht Ihre Motivation für das Trading mit ein

Ihre Vorgehensweise beim Day Trading muß Ihre Motive berücksichtigen. Außerdem müssen Sie das Gefühl haben, Ihre Methode
sei »richtig«. Dazu muß sie konsistent und kongruent mit Ihrer
Persönlichkeit sein. Wenn sie Ihnen unnatürlich vorkommt, dann
ist das als gingen Sie mit Stiefeln, die Ihnen zwei Nummern zu
klein sind, auf eine Wanderung von zehn Meilen. Fragen Sie sich
genau, warum Sie Day Trader sein wollen. Sind Ihre Persönlichkeit und Ihre Vorgehensweise für diese Aufgabe geeignet?

Sie schafft einen klaren, präzisen Aktionsplan

Das Erfolgsrezept beim Trading ist simpel. Ihr Aktionsplan braucht
nur drei Elemente zu haben:

1. Er erkennt ein Signal (Chance).

2. Er erlaubt es, sofort zu reagieren (Kauf oder Verkauf).

3. Er ermöglicht es, daß Sie sich unabhängig vom Resultat gut
   fühlen, solange der Trade im Einklang mit Ihrer Methode oder
   Ihren technischen Grundannahmen steht und auf den Wahr-
   scheinlichkeitsgesetzen beruht.

Die meisten Day Trader machen jedoch die Erfahrung, daß sie genau dann zweifeln oder zögern, wenn sie handeln sollten. Um dies
zu überwinden, muß man einen kristallklaren Fokuspunkt haben,
der einem erlaubt, die allgegenwärtigen inneren und äußeren
Hindernisse zu überwinden.

Sie schafft einen Konzentrationsschwerpunkt

Das Beharren auf Ihrer speziellen Vorgehensweise, Ihrer Methode oder Ihrem System erlaubt es Ihnen, alle schwächenden Emotionen zu überwinden, die beim Day Trading auftreten. Die Disziplin, sich wieder auf Ihre besondere Methode zu konzentrieren, auf Ihre Zahlen, Ihr System und so weiter, hilft dabei, natürliche Angstgefühle zu überwinden, wenn sie auftreten. Mehr darüber später, wenn ich die Anwendung der Innergame-Swing-Methode erläutern werde. Zunächst ist es wesentlich, daß Sie wissen, was Sie im Markt suchen und was Sie darin sehen. Sie müssen ein Signal von Hintergrundgeräuschen und Trades mit hoher von Trades mit niedriger Erfolgswahrscheinlichkeit unterscheiden können.

Ihre Durchführung verläuft automatisch und mühelos

All Ihre harte Arbeit als Trader zahlt sich aus, wenn Sie automatisch und mühelos am Markt handeln können, sobald ein Signal mit hoher Erfolgswahrscheinlichkeit auftritt. Es ist eine Frage der Disziplin, sein Nervensystem darauf zu konditionieren, genau in solchen Fällen zu handeln. Wenn Sie in der Lage sind, diese Trades zu »erwischen«, werden Sie feststellen, daß das Bedürfnis, den Kollegen von verpaßten Großchancen zu erzählen, größtenteils neutralisiert wird.

Sie beinhaltet Risikomanagement und kalkuliert Verluste ein

Alle Trader machen Verluste. Davor kann man keine Angst haben. Ich mag es wirklich, wenn der Markt mich ausstoppt und meine Verlustbegrenzungsmarken erreicht. Ich fordere ihn ja dazu heraus. Verliere ich gerne? NEIN! Aber wenn der Markt mich ausstoppt, habe ich für einige sehr wichtige Informationen bezahlt. Es versteht sich natürlich von selbst, daß meine Verluste stets begrenzt sind.

Sie schafft keinen Zeitdruck

Wenn man seine Signale unbeirrbar befolgt, lernt man, Geduld zu haben und sich nicht von den ständig wechselnden Emotionen beim Day Trading verwirren zu lassen. Erfolg bedeutet hier, sich genug Zeit zu nehmen, um Entscheidungen zu treffen, die auf einem gedanklichen Prozeß, Methodik und Strategie beruhen, und nicht etwa Reaktionen auf die spannenden, emotionalen Schwankungen des Markts darstellen.

»Es gibt gewisse mentale Eigenschaften, die meiner Meinung nach für den Erfolg an den Märkten oder für die Schaffung von Konsistenz entscheidend sind. Für mich ist Erfolg als Trader gleichbedeutend mit Konsistenz. Es gibt auf dem Börsenparkett eine oft zu hörende Redensart: »Die Gewinne eines Traders sind nur geborgt.« Wie sie wissen, gibt es viele Trader, die eine Entwicklungsstufe erreicht haben, auf der sie für Tage, Wochen oder sogar Monate eine ansehnliche Reihe von gewinnbringenden Trades schaffen – nur um mit wenigen Trades alles oder fast alles von ihrem schwer verdienten Vermögen wieder zu verlieren und von vorne anzufangen. Wenn ein Trader seine Anfälligkeit dafür nicht neutralisiert hat, seine Gewinne dem Markt zurückzugeben, dann ist er nicht das, was ich einen erfolgreichen Trader nenne.«

Mark Douglas
The Outer Game of Trading

Sie ist praktisch orientiert – und zwar am Profit

Viele Day Trader verbeißen sich in die Frage der theoretischen Genauigkeit ihres jeweiligen Systems. Genauigkeit ist nicht unbedingt wichtig. Wichtig ist die Performance. Das Geldverdienen verdrängt die theoretische Bindung an eine spezielle ideologische oder technische Grundannahme. Am besten hat das Winston Churchill formuliert: »Die Sozialisten sagen, Profit zu machen sei ein Verbrechen. Ich meine, das wirkliche Verbrechen ist es, Verluste zu machen.«

Sie ermöglicht es, konsistente Resultate zu erzielen

Obwohl es beim Trading niemals Sicherheit gibt, muß man, um effektiv vorzugehen, paradoxerweise mit Sicherheit agieren. Zum entscheidenden Zeitpunkt muß man entschieden handeln. Die

45

Konsistenz beim Day Trading erwächst daraus, daß man eine bewährte Methode ohne Ausnahme immer dann anwendet, wenn ein Signal erfolgt. Ihr Trading-System sorgt für die Organisation, die es Ihnen ermöglicht, Chancen zu erkennen, sie zu nutzen und konsistente Ergebnisse zu erzielen. Es versteht sich von selbst: Der Rest ist Ihnen überlassen.

»Der Unterschied zwischen den Erfolgreichen und den Erfolglosen ist nicht das, was sie haben. Er ist, was sie sehen wollen, und was sie mit ihren Möglichkeiten und ihren Lebenserfahrungen anfangen wollen«.

Anthony Robbins

»Ihre Marktstrategie sollte Ihnen ermöglichen, Ihre Augen offen zu halten und Gewinnchancen zu sehen ... damit Sie agieren können!«

Koppel und Abell
The Outer Game of Trading

TEIL II

Technische Analyse und Day Trading

KAPITEL 4

Marktanalyse und Day Trading

»Das Trading-System versetzt den Trader in die Lage, emotionale Zustände zu kontrollieren, anstatt sich von ihnen kontrollieren zu lassen. Ein System ist eine disziplinierte Methode, um die dynamischen, sich ständig verändernden Marktphänomene in den Griff zu bekommen.«

Koppel und Abell
The Innergame of Trading

Kurzfristiges Trading verdichtet die Bewegungen und das Verhalten der Märkte in einen selbstauferlegten Zeitrahmen, der den Einfluß des Markts auf den emotionalen Zustand und die mentale Verfassung des Traders vergrößert und verzerrt. Daher erfordert Day Trading oder Swing Trading Organisation im Denken, Disziplin im Handeln und die Verpflichtung, zahlreiche Trading-Entscheidungen zu treffen, auch wenn man damit wiederholt Verluste erleidet.

Jerry Jones, Eigentümer des Football-Teams Dallas Cowboys, machte sein Vermögen mit Öl und Gas. Als Antwort auf eine Frage nach den Gründen seines Erfolgs, schilderte er, wie er als junger Mann nach Öl suchte: »Wenn um zwei Uhr morgens das Telefon klingelt, weiß man nie, was kommt. Es kann ein Streik sein oder eine erfolglose Bohrung, die einen eine halbe Million Dollar kostet. Nach einer solchen Nachricht kommt meist noch ein anderer Anruf mit der Aufforderung, noch mehr Geld in ein anderes Projekt zu stecken, dessen Resultate man erst nach vielen Monaten erfahren wird. Man muß hartnäckig sein und an sich glauben, um weiterzumachen.«

49

Erfolgreiche Trader werden diesem Rat zustimmen; wer erst noch Erfolg haben will, muß diese Lektion lernen! Alle erfolgreichen Trader, die ich für dieses Buch interviewt habe, besitzen diese Fähigkeit. Obwohl ihre Methoden und Systeme unterschiedlich sind, sind ihre Vorgehensweisen und ihre Einstellungen bemerkenswert ähnlich.

Tabelle 4.1 Technische Voraussetzungen für erfolgreiches Day Trading

---

• Identifikation des Trends	• Punkt des Ausstiegs aus dem Markt
• Punkt des Einstiegs in den Markt	• Geldmanagement

TECHNISCHE VORAUSSETZUNGEN FÜR ERFOLGREICHES DAY TRADING

Die nötigen technischen Zutaten für eine erfolgreiche Vorgehensweise beim Day Trading oder Swing Trading sind in Tabelle 4.1 dargestellt und werden nun erläutert.

IDENTIFIKATION DES TRENDS

Was, werden Sie fragen, bedeutet Identifikation eines Trends in einem Day-Trading-System? Verlassen Sie sich darauf! Märkte zeigen konsistente Merkmale, wenn sie nach oben, nach unten oder seitwärts tendieren. Zum Beispiel ist es schon fast zum Grundsatz geworden, daß der Kauf zu niedrigeren Anfangskursen in einem Aufwärtstrend mit hoher Wahrscheinlichkeit zum Erfolg führt. Dasselbe gilt für den Verkauf bei höheren Eröffnungskursen in einem Abwärtstrend.

Trends können sich hinsichtlich ihrer Dauer jedoch stark unterscheiden, und der Day Trader kann sich jedem anschließen und von ihm profitieren, der identifizierbar ist. Ich unterscheide gerne drei Trends, mit denen man arbeiten kann: (1) Den mittelfristigen Trend, der meist drei bis zehn Tage dauert und von dem abgeleitet wird, was die meisten Trader für den langfristigen Trend eines Markts halten. (2) Den kurzfristigen Trend, der zwei bis fünf Tage dauert. Er kann in Richtung des mittelfristigen Trends verlaufen oder eine Reaktion auf ihn sein. Und (3) den Tagestrend, der das Ergebnis von Ereignissen des Vortags, der beiden vorangegangenen Tage, einer überraschenden Nachricht oder eines Regierungsberichts am Morgen sein kann.

In meinem eigenen Trading-System habe ich die Vielzahl computergenerierter Daten zu einigen wenigen Zahlen zusammengefaßt. Ich verwende sie dazu, die verschiedenen Trends in jedem der genannten Zeiträume zu identifizieren. In diesem Kontext liefern sie auch Informationen über Widerstand und Unterstützung, die man zum Trading verwenden kann. Ich glaube fest an die Philosophie des KISS: Keep it simple, stupid. Je einfacher, desto besser. Wenn wir nun unsere Trends innerhalb der genannten zeitlichen Rahmen entdeckt haben, müssen wir uns für einen Eintrittszeitpunkt entscheiden.

PUNKT DES EINSTIEGS IN DEN MARKT

Wenn man keinen Handlungsplan hat, das heißt, wenn man nicht weiß, wo der Markt relativ zu früheren Niveaus aktuell steht, neigt man verstärkt dazu, auf die Emotionen am Markt zu reagieren und sich der Mehrheitsmeinung anzuschließen. In einfachen Worten ausgedrückt hat dieses Laufen mit der Herde oft die Folge, daß man auf dem höchsten Marktniveau kauft und auf dem niedrigsten verkauft – eine häufige und schmerzliche Erfahrung!

Beim kurzfristigen Trading kann ein effizienter Einstiegszeitpunkt den Unterschied zwischen einer verpaßten Chance, einem kleineren Gewinn oder einem unnötig großen Verlust ausmachen. Indem Sie mehrere verschiedene Szenarien durchplanen, die in Ihr System passen, bereiteten Sie sich auf die Chancen vor, die der Markt Ihnen bietet. Das Schwierigste für Trading-Neulinge ist wohl, dann zu kaufen, wenn der Markt im raschen Fall bis auf ihren Einstiegspunkt, das entsprechende Kursniveau oder -gebiet sinkt. Planung und der Glaube an Ihre bewährte Methode werden Ihnen dabei helfen, nun einzusteigen. Die Trades mit dem geringsten Risiko sind in der Regel der Kauf nach einem starken Einbruch und der Verkauf nach einem deutlichen Kursanstieg, bei denen das zuvor festgelegte Kursniveau für den Markteintritt erreicht wurde. Das gilt auch für Kauf und Verkauf nach einem Kursausbruch. Man weiß dann sehr schnell, ob der Kauf oder der Verkauf eine gute Entscheidung war, und solche Trades weisen die geringsten Verlustrisiken auf.

51

Ich persönlich versuche zu entscheiden, ob der Markt so aussieht, als könne man nach einem Einbruch kaufen, nach einem Kursanstieg verkaufen, oder ob es im Anschluß an eine Periode der Stärke oder Schwäche nach einem Kursausbruch aussieht. Dann erteile ich meine Aufträge im voraus. Dieses Vorgehen erfordert Geduld.

Day Trading sieht oft so aus, als renne man auf einen überfüllten Lift zu, dessen Türen sich gerade zu schließen beginnen. Vergessen Sie Ihn! Denken Sie daran, daß in einer Minute ein anderer Lift kommen wird. Es ist wichtig, den Lift zu erwischen, der zu Ihrem Stockwerk fährt. Das führt uns zu unserem Ausstiegspunkt.

PUNKT DES AUSSTIEGS AUS DEM MARKT

Steve Conners, Investmentberater und Autor des Buchs »*Bekenntnisse eines Hedge-Fund-Managers*«, hat es treffend ausgedrückt: »Ich will, daß mein Stopp-Kurs erreicht wird!« Er setzte das um, indem er seine Stopp-Kurse bei profitablen Trades bis nahe an das aktuelle Kursniveau hin anhob, so daß er fast garantiert ausgestoppt und so gezwungen wurde, seine Gewinne einzustreichen. Dasselbe gilt auch für Stopp-Kurse zur Verlustbegrenzung. Für einen Day Trader ist nichts so unrentabel wie ein Markt, der sich tendenzlos im Niemandsland zwischen kleinen bis gar keinen Gewinnen und kleinen Verlusten bewegt. Pat Arbor, Chairman der Terminbörse, erzählt in »*The Outer Game of Trading*« (Irwin, 1994) eine Geschichte von Everett Clip, einem langjährigen Mitglied der Börse:

> »Jeden neuen Trader führt Everett auf das Parkett, dorthin, wo Bond-Futures gehandelt werden, und er sagt zu Ihm: »Nun schauen Sie sich das genau an.« Dann sagt er: »Wie ist der aktuelle Kurs?« »Fünf Geld und sechs Brief«, antwortet jemand. Everett sagt zu dem neuen Trader: »Jetzt passen Sie gut auf.« Er wendet sich an den Mann, der ihm die Kurse genannt hat: »Ich verkaufe Ihnen einen Kontrakt zu fünf und kaufe von Ihnen einen zu sechs.« Dann dreht er sich wieder zu dem jungen Trader um und sagt: »Haben Sie gesehen, was ich eben gemacht habe?« Der junge Trader steht mit weit geöffneten Augen da und sagt: »Ja. Sie haben gerade einen Punkt Verlust gemacht.« Everett sagt

triumphierend: »Genau. Vergessen Sie das niemals.« Sehen Sie, so muß man einen Verlust hinnehmen: ohne Aufregung, ohne Emotionen. Wenn Sie das lernen können, dann werden Sie ein erfolgreicher Trader!

Sie sind ein Day Trader. Nehmen Sie diesen kleinen Verlust hin und machen Sie weiter!

Die Glattstellung von Gewinnen ist allerdings ein anderes Thema. Eine vernünftige Vorgehensweise sollte den Kurs oder einen anderen Maßstab für die Performance des Markts umfassen. Ein vernünftiges Kursziel variiert je nach Volatilität und Risiko jedes einzelnen Markts. Zum Beispiel reduzieren viele Trading-Systeme für Bond-Futures das Verlustrisiko auf drei bis fünf Ticks. Unter diesen Umständen wäre es schon ein wenig zu gierig, einen ganzen Punkt (100 Ticks) aus dem Markt herausquetschen zu wollen. Mit anderen Worten: Der mögliche Gewinn sollte in vernünftigem Verhältnis zum eingegangenen Risiko stehen. Man muß auch andere Aspekte des Kursziels berücksichtigen: Wie schnell bewegt sich der Markt, nachdem Sie eingestiegen sind, in die gewünschte Richtung? Sofortige Belohnung hat etwas für sich. Wichtig ist auch, wie sich der Markt auf dem Weg zu Ihrem Kursziel verhält. Erreicht er ein neues Hoch, fällt dann zurück und markiert wieder ein neues Hoch? Oder vollzog er eine schnelle Bewegung, blieb später aber hinter Ihren Erwartungen zurück? Wenn man auf solche Unterschiede reagiert, kann man seine Gewinne unabhängig vom angewandten Trading-System steigern.

GELDMANAGEMENT

Viele Trader verwechseln Risikokontrolle mit Geldmanagement. Risikokontrolle ist das, worüber wir zuvor gesprochen haben. Es bedeutet, kleine Verluste hinzunehmen und die Gewinnchancen ins richtige Verhältnis zu den Risiken zu setzen. Beim Geldmanagement geht es um den richtigen Einsatz von Kapital. Das schließt ein, daß man den maximalen Nutzen daraus zieht und es für einen maximalen Zeitraum bewahrt. Wenn man 100 000 Dollar für Day Trading aufwenden will, macht das Traden einer einzigen Position ebenso wenig Sinn wie das Traden von 100 Positionen. Man muß ein sinnvolles Gleichgewicht finden, indem man sorgfältig das Maß des persönlichen Wohlbefindens, die Risiko-Kennzahlen jedes einzelnen Systems und die Volatilität des Marktes erwägt, in dem man tradet.

Merken Sie sich: Kurzfristiges Trading ist so, als wolle man mit wenigen erzielten Punkten ein Baseballspiel gewinnen. Man kann auf diese Weise eine Menge Spiele gewinnen. Aber nur dann, wenn man eine gute Verteidigung hat.

Welche Methode, welche Vorgehensweise oder welches System Sie für Ihr Day Trading oder Swing Trading auch entwickeln, Sie müssen einige wichtige Punkte klären, wenn Sie Erfolg haben wollen. Sie müssen den Markt als Vehikel oder Werkzeug betrachten, mit dessen Hilfe Sie Gewinne erzielen wollen. Der Markteintritt unter den von Ihnen gesetzten Bedingungen ist Ihr Vorteil und reduziert das Risiko auf das minimale Niveau. Ebenso wichtig wie der Markteintritt ist es jedoch, Ihre Gewinne blitzschnell mitzunehmen. Der Versuch, aus einer Position im Day Trading oder im Swing Trading den ganz großen finanziellen Coup zu machen, ist zum Scheitern verurteilt. Bringen Sie die Zeitperspektiven nicht durcheinander. Sie können keinen Trade eingehen, der auf einem Fünf-Minuten-Chart beruht und dann versuchen, eine längerfristige Position daraus zu machen. Ihr Ziel beim Day Trading ist es, mit geringem Risiko in den Markt einzusteigen, Gewinn mitzunehmen, wenn er entsteht, und dann die nächste günstige Gelegenheit wahrzunehmen. Wenn Sie sich darüber Gedanken machen, wieviel zusätzlicher Gewinn Ihnen womöglich entgeht, wird dies Ihre Konzentration stören und Sie daran hindern, gute Entscheidungen zu treffen. *Wenn ihre Vorgehensweise oder Ihr System verläßlich ist, werden Sie mehr günstige Gelegenheiten entdecken als Sie nutzen können.*

Eine weitere zu klärende Frage ist die Anzahl der Trades, die Sie als Teil dieses Prozesses durchführen müssen. Ob Sie es glauben oder nicht, das ist für viele Trader ein Problem. Viele stehen das nicht durch, ob es nun daran liegt, daß man ständig Entscheidungen treffen muß, an der Flut von Papier oder an einer Reihe von Verlusten. Das gilt auch für Parketthändler. Eine bekannte Clearing-Firma in Chicago unterstützt Händler auf dem Börsenparkett, indem sie eine bewährte Methode des Scalping lehrt, also des Trading mit dem Ziel, minimale Kursunterschiede während des Handelstags auszunutzen. Zunächst lernt der Trader, zu »kratzen«, also zum gleichen Preis zu kaufen und zu verkaufen. Das soll dem Trader den schnellen Kauf und Verkauf lehren, damit er sich schützen kann, wenn der Markt dreht. Der wichtigste Aspekt dieser Lektion ist jedoch ein anderer: Der Trader soll dazu gezwungen werden, Trades durchzuführen. Ja, es geht einfach darum, Trades zu machen! Auch wenn die Kosten eines Kaufs und Verkaufs zum gleichen Preis nur sehr gering sind, verbringen viele Neulinge einen ganzen Trading-Tag mit weniger als einer Handvoll Trades. Man muß sie dazu zwingen, jeden Tag viele Male in den Markt hinein- und wieder aus ihm herauszugehen. Ich will damit nicht sagen, daß ein Trader von außerhalb des Börsenparketts solchen minimalen Gewinnen nachjagen soll oder kann. Die psychologischen Hemmnisse, Trades durchzuführen, sind jedoch die gleichen.

Auf den folgenden Seiten werde ich Ihnen meine Vorgehensweise beim Day Trading oder Swing Trading zeigen. Ich sage »Vorgehensweise«, denn ich glaube, daß es bei einer erfolgreichen Methode nicht auf das System ankommt, sondern auf die Qualitäten, die der Trader diesem System hinzufügt. Mit »Vorgehensweise« meine ich die Einstellungen, die Emotionen, die Konzentration und die mentale Verfassung, die ein Trader in jedes System und in jede Methode einbringt, die er anwendet. Meine erste Ausbildung im Trading war die klassische Chartanalyse, und ich glaube wirklich daran, daß man hier so einfach wie möglich vorgehen sollte. Mein wichtigstes Werkzeug sind daher einfache tägliche Balkencharts, mit Ausnahme vom Computer berechneter Daten, die den Markttrend definieren und Widerstands- und Unterstützungszonen aufzeigen. Das meiste, was Sie nun lesen werden, läßt sich unabhängig von der zeitlichen Perspektive anwenden.

KAPITEL 5

Die Innergame-Methode

WESENTLICHE PUNKTE DER INNERGAME-METHODE

Einige persönliche Grundannahmen, die für die Innergame-Methode wesentlich sind, sehen Sie in Tabelle 5.1 aufgelistet. Im Folgenden werden sie detailliert erläutert.

Geduld ist Ihr Vorteil

Der Vorteil von Parketthändlern ist, daß sie sofort zu Briefkursen kaufen und zu Geldkursen verkaufen können. Wer nicht direkt auf dem Parkett agiert, kann das nicht. Man kann jedoch auf andere Weise einen Vorteil erlangen. Geduld und Vorbereitung schaffen einen Vorteil, der dabei hilft, Vermögen aufzubauen und zu bewahren. Wenn Sie wissen, was Sie vom Markt erwarten und geduldig bleiben, bis der Markt Ihnen entgegenkommt, dann haben Sie diesen Vorteil.

Tabelle 5.1 Grundannahmen der Innergame-Methode

- Geduld ist Ihr Vorteil.
- Gute Day Trades resultieren aus bestimmten Kurskonstellationen.
- Die Antizipation von Marktchancen ist entscheidend.
- Wenn zuvor festgelegte Kauf- und Verkaufszonen erreicht werden, muß man handeln.
- Ein Trade pro Tag in jedem Markt.
- Ignorieren Sie die Nebengeräusche, folgen Sie dem Signal.
- Nutzen Sie schnelle Kursbewegungen und Top-Bildungen.
- Meiden Sie langweilige, bewegungslose Märkte.

Gute Day Trades resultieren aus bestimmten Kurskonstellationen

Sie müssen jeden Tag innerhalb eines größeren Zeitrahmens sehen, der von einem Tag bis zu zwei Wochen reichen kann. Wertvolle Schlüssel zum Erfolg sind das Verstehen, wie Märkte sich »aufbauen«, bevor sie eine vorhersagbare Bewegung vollziehen, und die Antizipation solcher Bewegungen.

Die Antizipation von Marktchancen ist entscheidend

Wenn man wartet, bis der Markt das vollzieht, was nach einer guten Trading-Chance aussieht, so führt dies in den meisten Fällen dazu, daß man zu spät einsteigt, um maximale Gewinne zu erzielen.

Wenn zuvor festgelegte Kauf- und Verkaufszonen erreicht werden, muß man handeln

Ein Tip für Trader, die Schwierigkeiten haben, »den Abzug durchzudrücken«: Bereits im voraus erteilte Order bringen Sie in den Markt.

Ein Trade pro Tag in jedem Markt

Übertreibungen beim Trading sind die Folge von Unentschlossenheit und Angst. Wenn Sie sich auf einen guten »Aufbau« in einem Markt konzentrieren, vermeiden Sie es, emotional zu handeln.

Ignorieren Sie die Nebengeräusche, folgen Sie dem Signal

Einen großen Teil der Marktbewegungen innerhalb eines Handelstags kann man als Nebengeräusche betrachten, also als Marktaktivität ohne Bedeutung. Es kann eine mühselige und fehlgerichtete Plackerei sein, jedem Tick nachzuhängen. Sie müssen Ihre Reaktionen auf die Nebengeräusche eliminieren und sich auf das eigentliche Signal konzentrieren.

Nutzen Sie schnelle Kursbewegungen und Top-Bildungen

Beim Day Trading oder Swing Trading ist es meist gut, einen profitablen Trade glattzustellen, wenn der Markt unter hohem Volumen oder mit einer schnellen Bewegung einen Extrempunkt erreicht. Die Wahrscheinlichkeit ist hoch, daß dies der höchste oder der niedrigste Punkt eines Handelstags ist. Wenn der Markt unter solchen Bedingungen das Niveau Ihrer zuvor gegebenen Aufträge erreicht, dürfen Sie mit sofortigen Gewinnen oder einer erneuten Bewegung in derselben Richtung rechnen.

Meiden Sie langweilige, bewegungslose Märkte

Wenn Sie in einem sehr ruhigen Markt agieren, dann sehen Sie sich anderswo um. Zeit ist Geld, und die Beobachtung eines langweiligen Markts zehrt Ihre Energie auf.

BEACHTEN SIE DIE DREI KATEGORIEN DES MARKTAUFBAUS (MARKET SETUP)

Die Innergame-Methode des Day Trading oder Swing Trading basiert auf drei Kategorien von Setups:
dem Markt, dem Computer und dem Chart.

Der Market Setup

Der erste Setup ist eine Folge des natürlichen Marktrhythmus. George Douglas Taylor beschreibt ihn in »*The Taylor Trading Technique*« (Traders Press) als drei- bis fünftägige Marktschwankung. Ein Tag mit niedrigen Kursen, der von einem Verkaufstag gefolgt wird, könnte eine Verlängerung des vorangegangenen Tags bedeuten, und ein darauf folgender Tag mit Leerverkäufen könnte zum nächsten Kauftag führen. Man sollte auf starke und schwache Märkte vorbereitet sein, innerhalb derer bis zu fünf Tage mit den genannten Schwankungen auftreten können. Chart 5.2 zeigt ein Beispiel. Das Verständnis, wo sich der Markt im Kontext dieser Schwankungsphase befindet, ist hilfreich, um für jeden der genannten Tage einen Plan auszuarbeiten.

Der Computer Setup

Für die Innergame-Methode benutze ich nur vier selbstentwikkelte und vom Computer berechnete Daten. Zwei dienen zur Identifikation kurz- und langfristiger Trends, und außerdem verwende ich Momentum-Oszillatoren für kurzfristige und langfristige Trends. In Chart 5.3 werden Sie durch die gepunktete Langfristtrendlinie, die durchgezogene Langfristlinie (abgeleitet vom Langfrist-Oszillator), die Kurzfrist-Trendlinie und die schwarz gepunktete Kurzfristlinie repräsentiert.

In diese Kategorie fallen alle häufig angewandten oder esoterischen, vom Computer berechneten Daten, bei deren Anwendung Sie, der Trader, ein gutes Gefühl haben. Ein weit verbreiteter Fehler, den viele Trader begehen, ist es jedoch meiner Meinung nach, auschließlich auf dieses Hilfsmittel zu vertrauen und sowohl den Market Setup als auch die nun folgende Kategorie, den Chart Setup, von der Betrachtung auszuschließen.

Der Chart Setup

Hier konzentriere ich mich auf die Verwendung von Charttechnik für sich allein genommen oder in Verbindung mit anderen Setup-Kategorien. Dazu gehören

60

Chart 5.2 Eine drei- bis fünftägige Marktschwankung

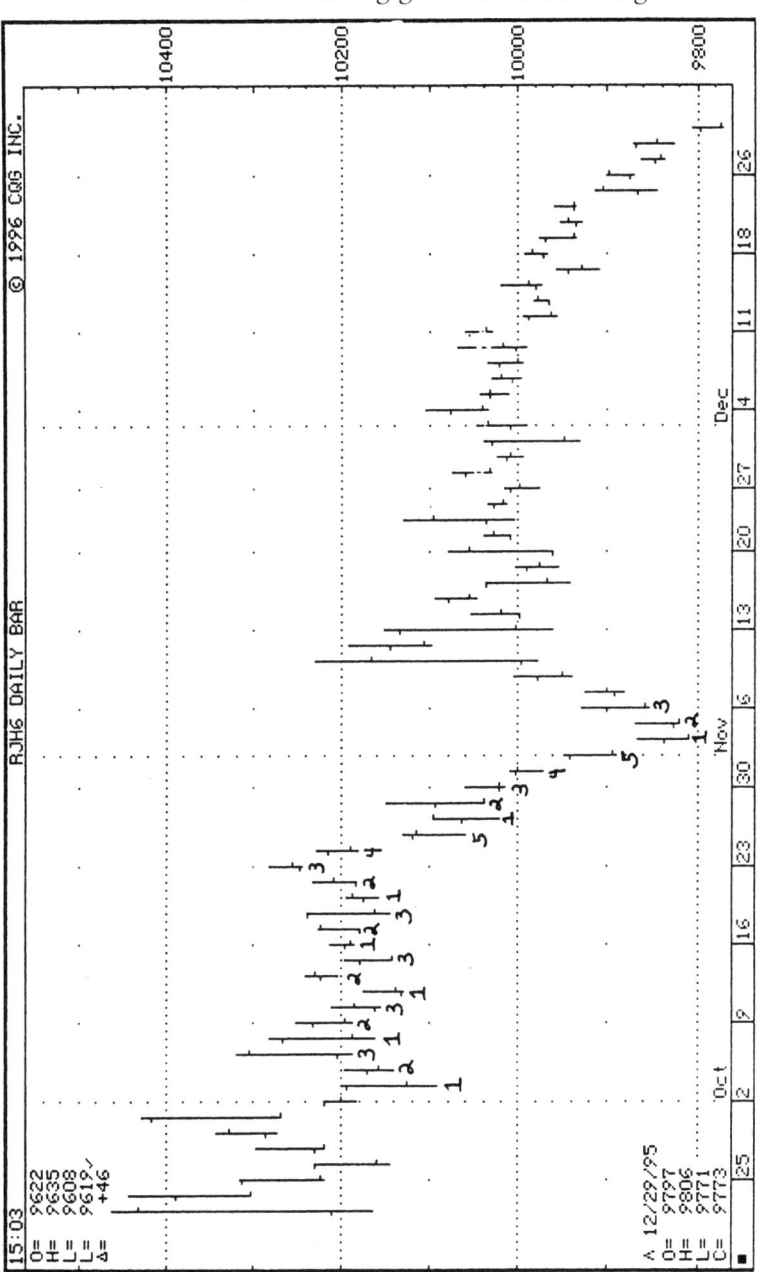

© Copyright 1996 CQG INC.

Chart 5.3 Trend-Identifikatoren und Momentum-Oszillatoren

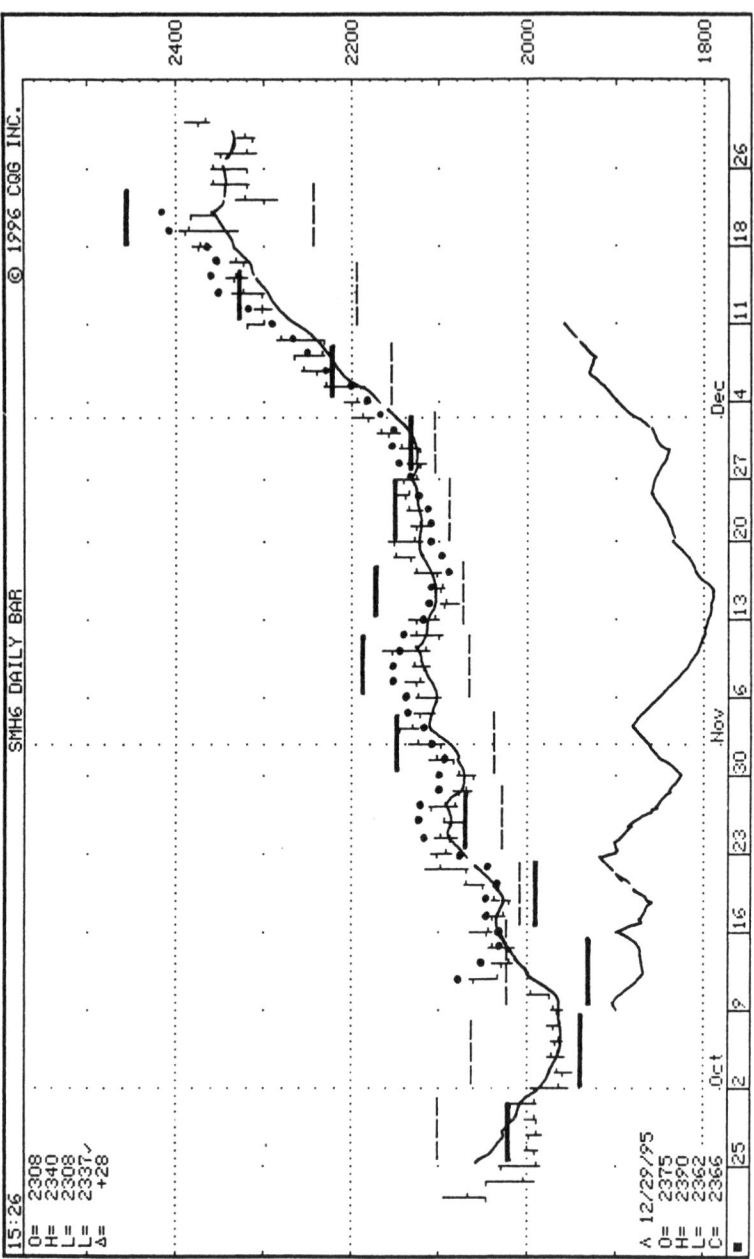

1. Natürliche Marktbewegungen

2. Die Erkennung von Trendlinien und Chartmustern

3. Tages- oder Zwei-Tages-Muster

4. Hochs und Tiefs

Natürliche Marktbewegungen Diese Technik umfaßt Fibonacci-Relationen, Gann-Linien, Elliott-Wellen und dergleichen. Chart 5.4 gibt ein Beispiel dafür, wie der S&P-500 auf dem 50-Prozent-Reaktionsniveau auf Widerstand gestoßen ist. Zu dieser Kategorie zähle ich auch Rückschläge bis zu den gleitenden Durchschnitten. Dieser Setup ist in der Regel am effektivsten, wenn der Markt die genannten Kurszonen an Kauftagen oder an Leerverkaufstagen innerhalb natürlicher Schwankungsphasen testet.

Die Erkennung von Trendlinien und Chartmustern Die einfachsten Hilfsmittel sind oft die besten, wie man in Chart 5.5 erkennen kann. Der Ausbruch aus der Dreiecksformation gibt dem Markt vier Tage lang Unterstützung, wobei die Volatilität steigt und die Chancen sich verbessern. Die einfache Trendlinie zeigt uns drei Tage mit geringen Risiken beim Einstieg in den Markt; die Flaggen- und Wimpelmuster lassen dies erkennen. Trader können entweder bei kleinen Rückschlägen innerhalb des Flaggenmusters kaufen oder auf den Ausbruch warten und der Stärke oder Schwäche des Markts folgen.

Tages- oder Zwei-Tages-Muster Dazu gehören mindestens fünf Chartmuster (siehe Chart 5.6):

1. Von einem *Outside Day* (OD) spricht man, wenn die Schwankungsbreite des Tages nach oben wie nach unten größer war als die des Vortags. Am Tag nach einem Outside Day kann man in der Regel gewinnbringend vorgehen, wenn man bei Kursrückschlägen kauft und bei Kurssteigerungen verkauft.

2. Ein *Inside Day* (ID) ist dann gegeben, wenn die Schwankungsbreite nach oben und unten geringer ausfällt als am Vortag. Nach einem Inside Day kommt es oft zu gesteigerter Volatilität. Man

63

Chart 5.4 Widerstand auf dem 50-Prozent-Reaktionsniveau

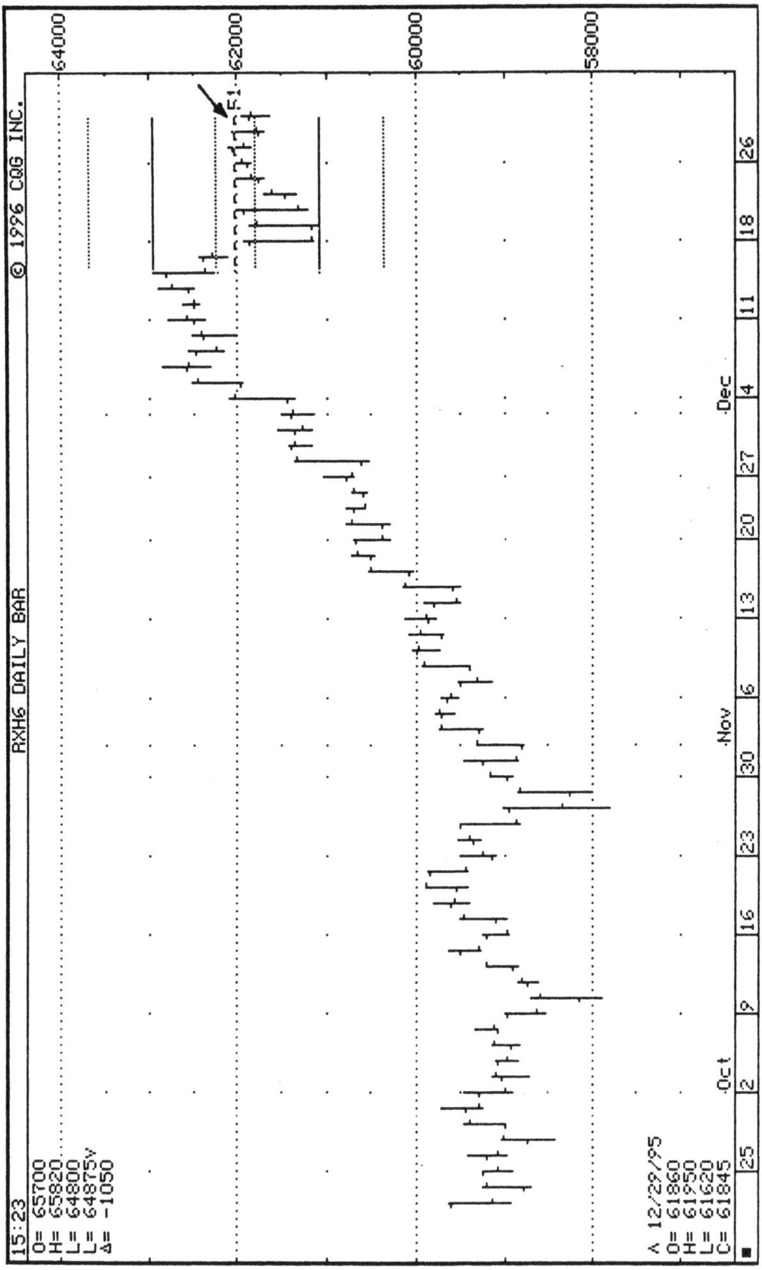

© Copyright 1996 CQG INC.

Chart 5.5 Einfache, aber aufschlußreiche Trendlinien und Chartmuster

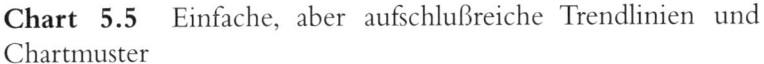

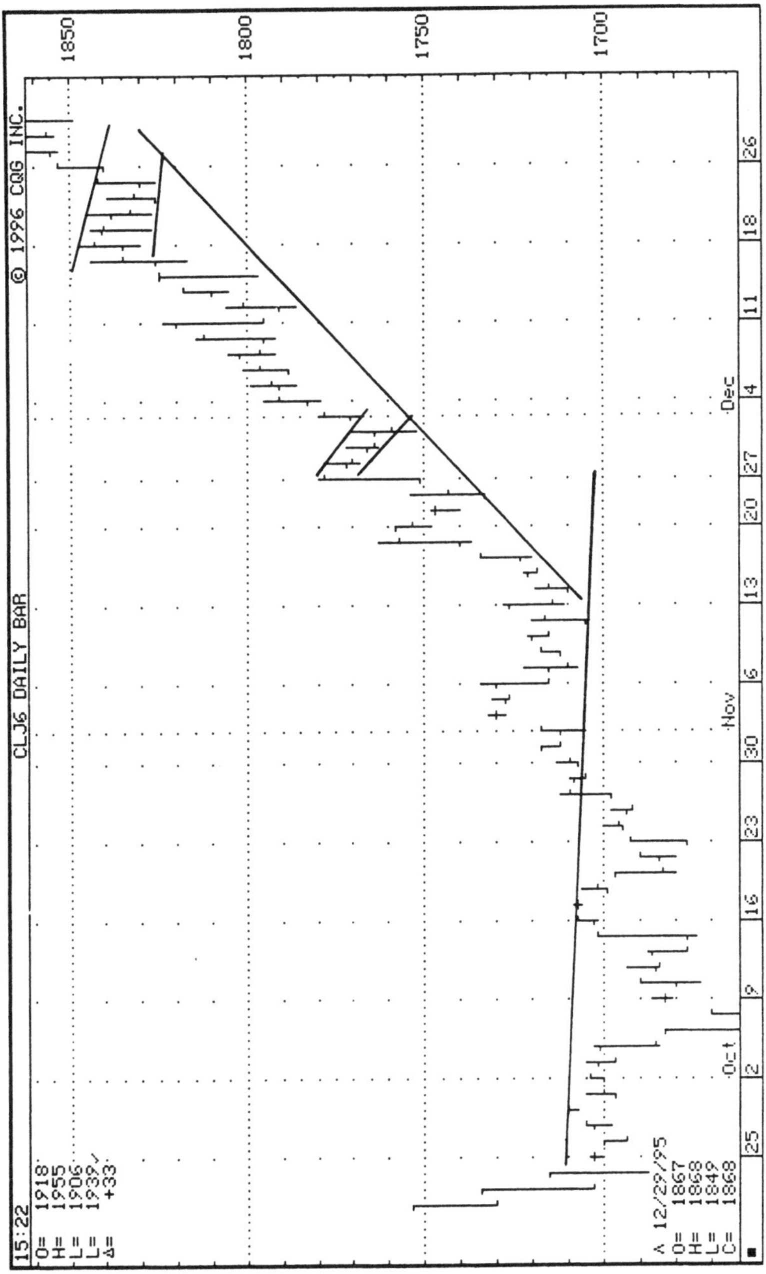

Chart 5.6 Tages- oder Zwei-Tages-Muster

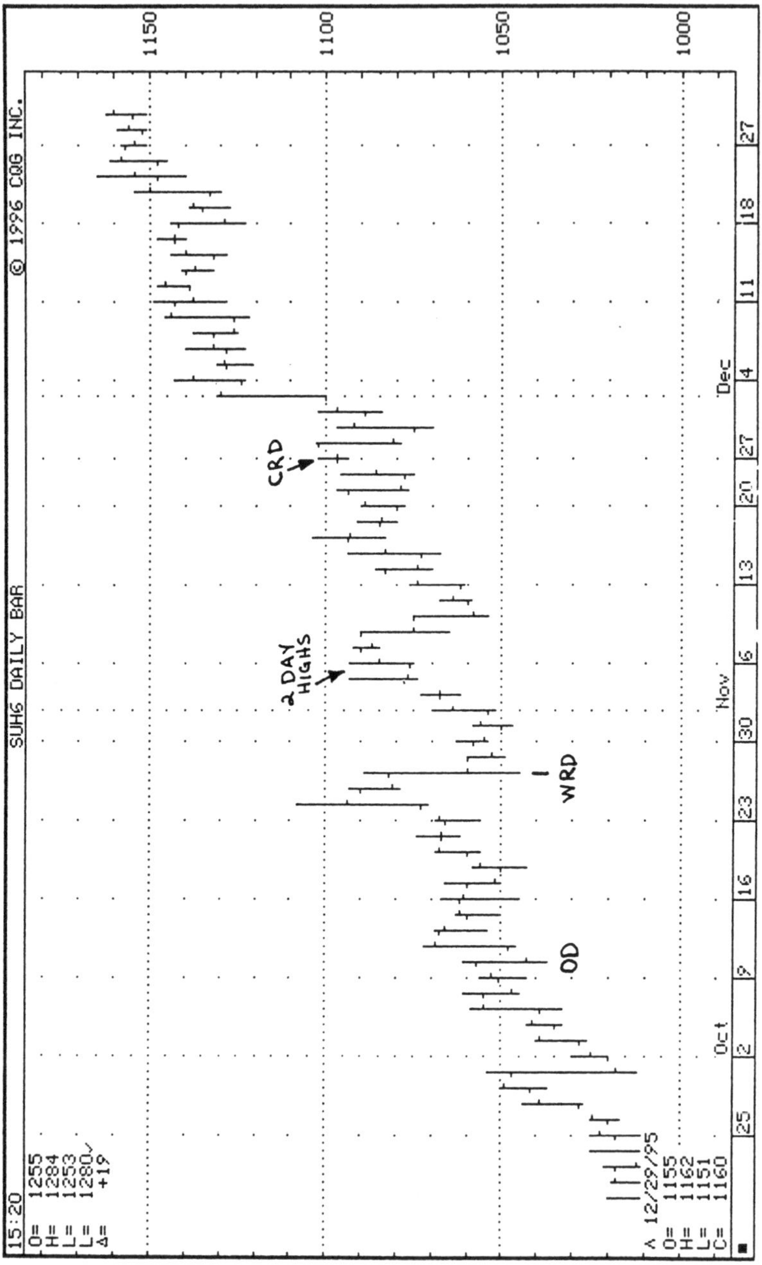

© Copyright 1996 CQG INC.

sollte bei einem Ausbruch über das Hoch des Vortags kaufen und leer verkaufen, wenn der Kurs unter das Tief des Vortags fällt.

3. Von einem *Constricted Range Day* (CRD) wird gesprochen, wenn die Schwankungsbreite die kleinste seit mehreren Tagen ist. Eine solche Phase kleiner Schwankungsbreiten kann auch zwei Tage oder noch länger dauern. Mit viel Geduld kann man sich hier gute Chancen erarbeiten. Es handelt sich um ein Chartmuster, bei dem der Trader auf Kursausbrüche in beide Richtungen vorbereitet sein sollte.

4. An einem *Wide Range Day* (WRD) ist die Schwankungsbreite wesentlich größer als während der vorangegangenen Tage. Auf solche Tage folgen meist Tage mit kleineren Schwankungen. Ein Trader sollte bei Kursrückschlägen kaufen und bei Erholungen verkaufen.

5. *Two-day highs and lows* treten auf, wenn die Märkte dazu tendieren, die Hochs und Tiefs des Vortags zu testen. Sie bieten oft die Chance auf Trades mit minimalem Risiko. Wenn der Trader diese Tests mit einem Computer Setup oder einem Chart Setup kombinieren kann, kommt es zu Trades mit sehr niedrigem Risiko und hohen Gewinnchancen.

WIE MAN SICH EINEN TRADING-PLAN ZURECHTLEGT

Beständigkeit bei der Planung ist ebenso wichtig wie Beständigkeit bei der Ausführung. Vorbereitung und Planung zur Antizipation von Marktbewegungen können nur dann effektiv sein, wenn ein Trader den verschiedenen Bestandteilen seiner Methode treu bleibt.

Die Meilensteine auf der Trading-Landkarte sind in Tabelle 5.7 aufgeführt und werden im folgenden erläutert.

Tabelle 5.7 Die Meilensteine auf der Trading-Landkarte

- Der Trend
- Die Bestimmung der aktuellen Marktsituation
- Die Erkennung von Chartmustern
- Tages- oder Zwei-Tages-Muster
- Vom Computer berechnete Daten

DER TREND

Der erste Meilenstein, den man bestimmen muß, ist der Markt-trend. Ich benutze in der Regel einfache tägliche Balkencharts und lege die Computerdaten über dieses Chartbild. Manche Trader sind stärker an Zahlen orientiert und brauchen nur auf eine Reihe von Zahlen zu schauen, um eine Markteinschätzung zu gewinnen. Obwohl ich viel von moderner Technik halte, aktualisiere ich meine Tagescharts noch immer mit der Hand, denn das stärkt den Sinn für Kontinuität in sämtlichen Märkten, auch wenn sich dabei keine guten Trading-Chancen ergeben. Der wesentliche Punkt ist, daß der Trader zu einem Urteil kommt, ob ein Markt sich in ei-nem Aufwärts-, Abwärts- oder Seitwärtstrend befindet. Einfache Trendlinien, ansteigende Hochs und Tiefs oder absinkende Hochs und Tiefs etablieren einen Trend. Ich habe auch meine selbstent-wickelten, computergestützt berechneten Daten auf den Charts angegeben, denn sie haben sich als sehr zuverlässig dabei erwiesen, Unterstützungs- und Widerstandszonen zu antizipieren. Wie man in Chart 5.8 sehen kann, war der Markt für Mais auf dem Weg zu einem Aufwärtstrend, als er einen Rückschlag erlebte und sich innerhalb der langfristigen ID-Zone bewegte. So etwas eröffnet Day Tradern oder Swing Tradern gute Chancen bei geringen Risiken. Das entscheidende Wort ist hier *geringe* Risiken, nicht etwa *keine* Risiken. Wer nach Trades ganz ohne Risiken sucht, wird sich für alle Zeiten über Märkte beklagen, die ihm »davonge-laufen« sind.

Viele Trader nutzen den Innergame Trading Portfolio Fax-Ser-vice als Führer zu den wichtigen Unterstützungs- und Wider-standszonen in bis zu 20 verschiedenen Märkten.

Chart 5.8 Die Identifikation von Markttrends

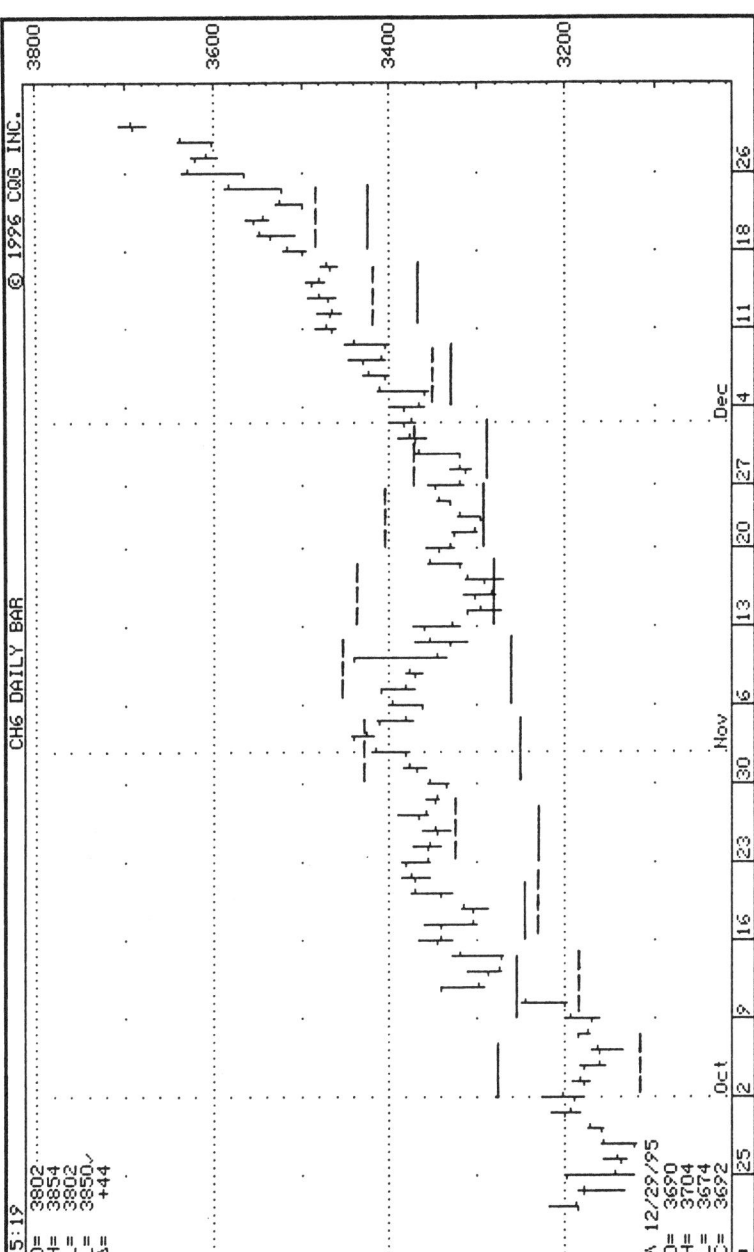

© Copyright 1996 CQG INC.

Chart 5.9 Markteintritt mit niedrigem Risiko in einem Aufwärtstrend

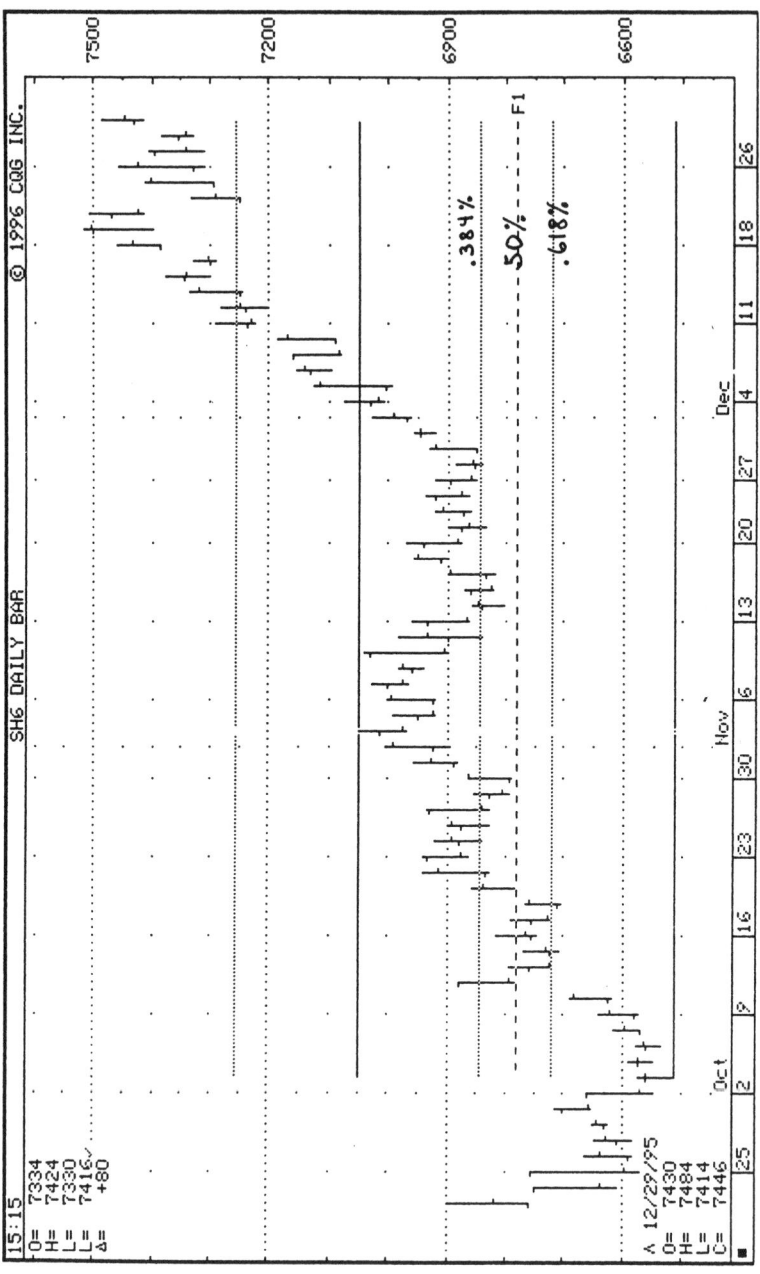

70

Ein weiteres Beispiel für den Nutzen der Trenderkennung ist im Chart 5.9 gezeigt. Dieser Soyabohnen-Chart zeigt einen Aufwärtstrend mit den darübergelegten Fibonacci-Retracement-Zahlen. Man kann hier folgendes erkennen: Die Antizipation eines Rückschlags von 0,384 oder 0,5, gemessen vom Niveau des Aufwärtstrends im Oktober und im November, hätte es einem Trader ermöglicht, Positionen mit sehr niedrigem Risiko und hohen Gewinnchancen aufzubauen. Wir werden später noch sehen, wie die Analyse von Kursschwankungen und tägliche Balken-chart-Muster dabei helfen, in einem solchen Markt auf der Basis des Day Trading oder des Swing Trading zu agieren. Beachten Sie aber, daß der Markt keine vollständige 50-Prozent-Korrektur vollzog und an den folgenden Tagen sowohl auf den Tiefs der vor-angegangenen Tage als auch auf dem 0,384-Fibonacci-Kursniveau Unterstützung fand. Realistischerweise kann niemand sagen, ob der Markt von diesem Korrekturpunkt aus nach oben oder nach unten tendieren wird. Aber wir haben ein Setup mit einem hohen Wahrscheinlichkeitswert gefunden, und mehr kann man sich eigentlich nicht wünschen. Der wesentliche Punkt ist nicht die spezifische Methode, die in diesem Abschnitt über die Erkennung von Trends aufgezeigt wurde. Aber welche Methode Sie auch anwenden, dieser Punkt sollte der erste auf Ihrem täglichen Arbeitsplan sein.

DIE BESTIMMUNG DER AKTUELLEN MARKTSITUATION

Die Bestimmung, wo sich ein Markt innerhalb seiner drei- bis fünftägigen Schwankungsbreite gerade befindet, erhöht die Gewinnchancen. In »*The Taylor Trading Technique*« unterscheidet der Autor zwischen einem Kauftag, einem Verkaufstag und einem Leerverkaufstag. Wenn sich dieser Rhythmus herausgebildet hat, sollte der Trader auch darauf achten, zu welchen Zeitpunkten an jedem Tag die Hochs und Tiefs zustandekommen. Zum Beispiel sollten an Kauftagen zunächst Kurstiefs und an Leerverkaufstagen Kurshochs zustande gekommen sein. Erfahrene Trader sind sich in der Regel darüber einig, daß Kurstiefs am Vormittag eine Gelegenheit bieten, mit verhältnismäßig geringem Risiko zu kaufen. Die alte Regel, daß es von Vorteil ist, in der Hausse bei niedrigen Eröffnungskursen zu kaufen, und in der Baisse bei höheren Eröff-

Chart 5.10 Wie man die Swing-Situation des Marktes bestimmen kann

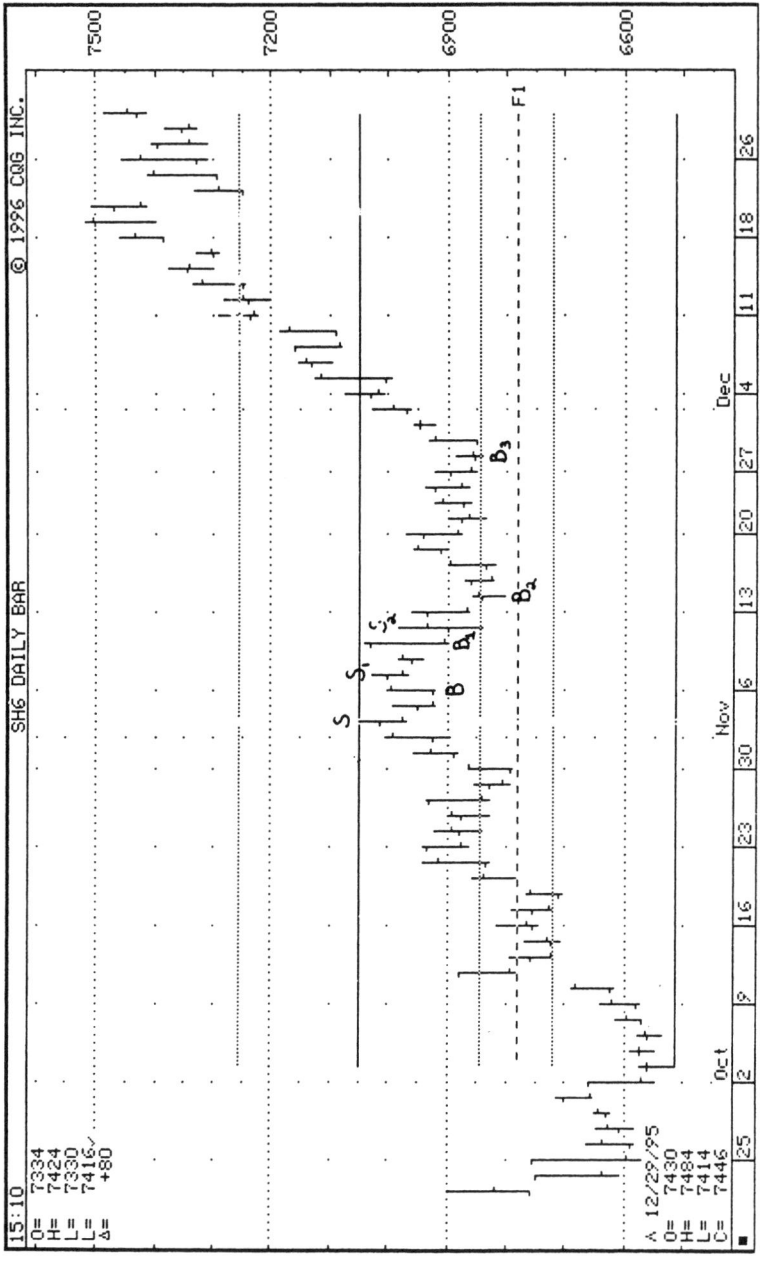

72

nungskursen zu verkaufen, ist noch immer sinnvoll. Und für Day Trader ist sie auch immer noch sehr wichtig.

Eine Schwächephase am Vormittag kann sich im Lauf des Tages als gute Kaufgelegenheit erweisen. Schwächephasen am Nachmittag sind nicht so zuverlässig. Dasselbe gilt natürlich auch dann, wenn der Kurs am Vormittag bis zu einer Widerstandszone ansteigt. Als Day oder Swing Trader sollten wir uns dieser Dinge bewußt sein, wenn wir einen möglichst hohen Gewinn erzielen wollen. Das läßt sich anhand des Sojabohnen-Marktes veranschaulichen (Chart 5.10). Ich habe das Swing-Hoch mit »S« markiert und dann zwei Tage abgewartet, um einen Kauftag zu finden. Der zweite, mit »B« bezeichnete Tag hat diese Erwartung erfüllt. Nachdem er tags zuvor schwach geschlossen hatte, eröffnete der Markt noch schwächer und markierte zunächst neue Tiefpunkte, bevor er für den Rest des Tages scharf nach oben tendierte, wobei er in der Nähe des Höchstkurses schloß. In einer solchen Situation sind Day Trader zufrieden. Swing Trader verkaufen bei der höheren Eröffnung am folgenden Tag (S1). Der nächste Tag war ein Handelstag mit einer engen Kursspanne (CRD), und er wäre auch ein Leerverkaufstag gewesen. CRDs, auf die wir später noch zu sprechen kommen, signalisieren oft eine erhöhte Volatilität und breiter werdende Kursspannen. Am nächsten Tag (bezeichnet als B1) geschah das auch. Möglicherweise wäre dies ein Kauftag gewesen, abgesehen von der Tatsache, daß der Markt deutlich höher eröffnete, wobei er das Hoch dieser Aufwärtsbewegung testete und den ganzen Tag über in diese Richtung verlief. Die Regel lautet: Kaufe nie bei einem schwachen Schlußkurs, auch wenn er an einem Kauftag eintritt, denn es ist sehr wahrscheinlich, daß der Anfangskurs des folgenden Tages noch tiefer liegen wird. Es folgte eine Eröffnung auf stabilem Kursniveau und ein Durchbruch in den Bereich des Fibonacci-0,384-Retracements. Der Markt fand dort Unterstützung und strebte für den Rest des Tages nach oben. Der nächste Tag (S2) war ein Verkaufstag. Nachdem die Tageshochs schon früh erzielt worden waren, schloß der Markt am Tiefpunkt; ein Anzeichen für eine schwächere Eröffnung am folgenden Tag und für einen Test des Fibonacci-0,50-Retracements (B2). Wenn wir uns einige Tage bis zur Markierung B3 weiterbewegen, erkennen wir, daß sich dieser potentielle Kauftag als Tag mit enger Kursspanne erwies, die sich immer noch im Bereich der Unterstützung bewegte. Der folgende

Chart 5.11 Die Rallye bis zur Trendlinie an einem Verkaufstag

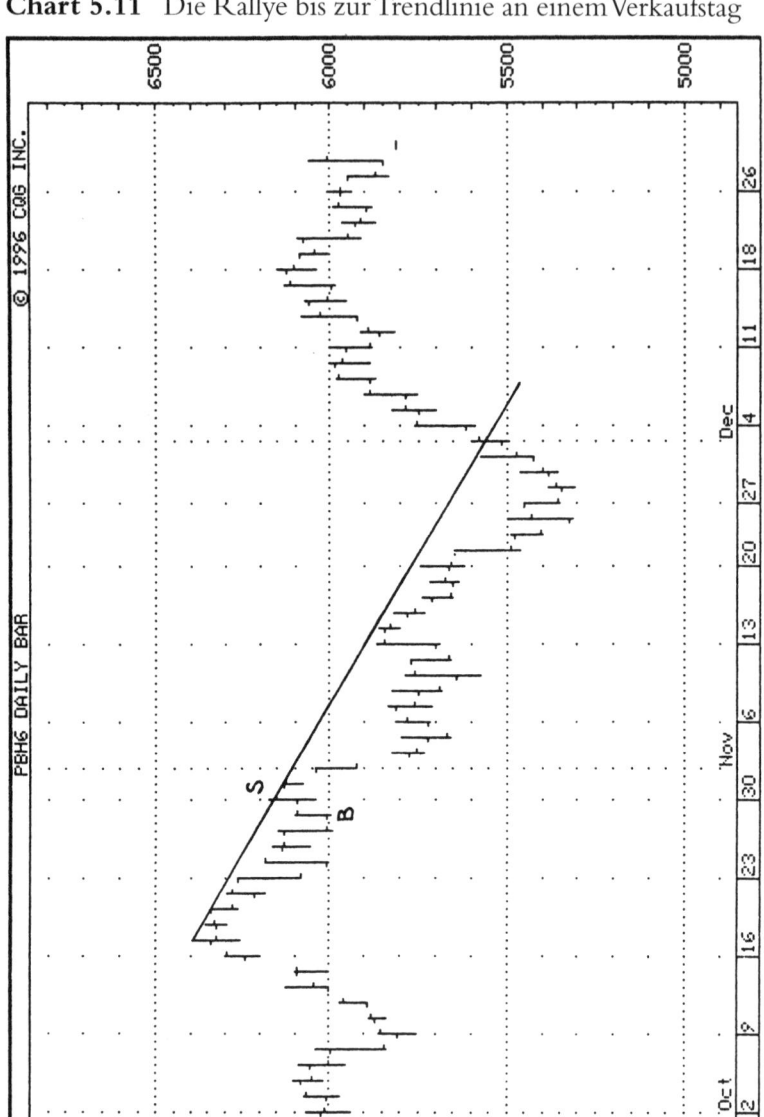

© Copyright 1996 CQG INC.

Chart 5.12 Der Ausbruch aus einer Dreiecksformation

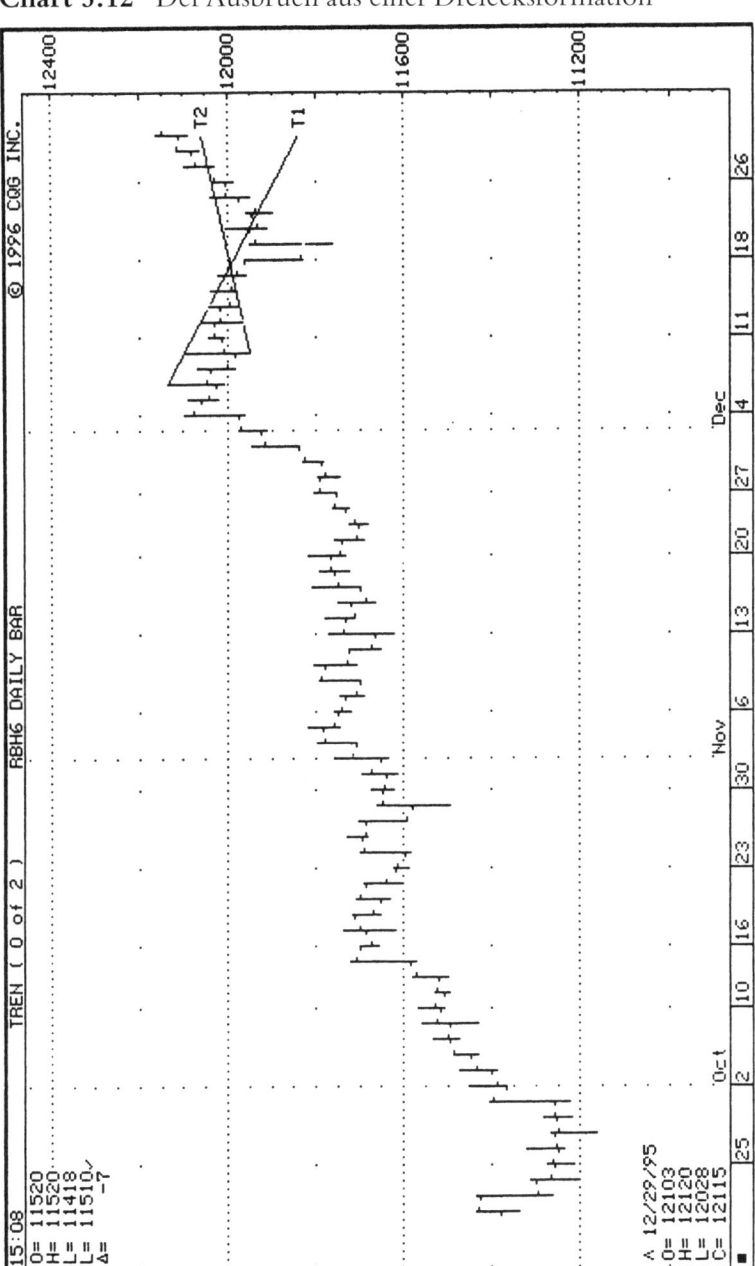

© Copyright 1996 CQG INC.

Tag erwies sich wie erwartet als Kauftag, mit einem Kurstief am Beginn und einer folgenden Aufwärtsbewegung bis zum Handelsschluß. Wie erwähnt beschreibt Taylor dies als ein Swing-Muster für den Zeitraum von drei bis fünf Tagen. Es ist ein Beispiel dafür, wie man günstige Kaufgelegenheiten finden kann.

DAS ERKENNEN VON VERLAUFSMUSTERN

Manchmal beruhen die wichtigsten Signale auf den einfachsten Konzepten. Trendlinien, die mehrere Tage mit Hochs und Tiefs umfassen, weisen auf relativ risikoarme Kaufgelegenheiten hin. Auf den Kauftag (B) folgte eine Verkaufstags-Rallye, die bis zur Trendlinie reichte, und auch am nächsten Tag, einem Leerverkaufstag, wurde diese Trendlinie nie durchbrochen. Später wurde sie noch zweimal getestet. Im Chartbild 5.12 sehen wir ein Beispiel für ein Dreiecksmuster und den Ausbruch aus diesem Muster für einen Day oder Swing Trade. Wie Sie sehen, endete die Dreiecksformation mit drei Tagen, an denen die Kursspanne eng war, und dann folgte ein Anstieg der Volatilität. Obwohl es schwierig ist, bei Kursausbrüchen oder »Gap«-Eröffnungen einzusteigen, bieten sie oft ausgezeichnete Gewinnmöglichkeiten. Dabei gilt oft: Je größer der Gap (also die Kurslücke zwischen einem Schlußkurs und dem Eröffnungskurs des folgenden Tages), desto stärker fällt die Kursbewegung in die entsprechende Richtung aus. Es besteht zwar die Gefahr eines nur vermeintlichen Kursausbruchs, doch im allgemeinen ist die Zuverlässigkeit eines solchen Kurssignals so hoch, daß man ihm folgen sollte.

EIN- ODER ZWEI-TAGES-MUSTER

Einige wenige Chartmuster, die am Vortag oder an den beiden vorangangenen Tagen aufgetreten sind, bieten mit die besten Chancen für Trades mit den geringsten Risiken und der größten Erfolgswahrscheinlichkeit. Die Märkte scheinen ständig das Hoch oder das Tief des Vortags zu testen, und Trader sollten diese Tests in ihr Kalkül mit einbeziehen (siehe Chart 5.13). In einem nach oben gerichteten Markt folgt im Tagesvergleich meist ein höheres Kurstief, während andere Märkte unter das Tief des Vortags fallen und dann nach oben drehen, was auf eine Unterstützung hinweist.

Falls ein Markt das Tief des Vortags unterschreitet und keine Unterstützung findet, sollten Sie sofort aussteigen. In Chart 5.13 ist auch zu sehen, daß die ersten beiden mit X markierten Tests Kauftage oder Tests des Kurstiefs an einem Kauftag waren, während der dritte mit einem X bezeichnete Tag ein Verkaufstag oder der Test eines Kurshochs des Vortags war. Wenn Sie den Swing-Rhythmus mit dem Zwei-Tages-Muster kombinieren, können Sie die Tagesbewegung richtig erfassen und den logischsten Kauf- oder Verkaufszeitpunkt des Tages treffen.

Auf einen Ausnahmetag, der an einem Extrem der Kursspanne endet, folgt meist eine Fortsetzung in der gleichen Richtung, die für einen Day Trade genutzt werden kann. Endet der Handel an einem solchen Tag nicht an einem Extrempunkt, dann kommt meist eine Reaktion in die andere Richtung (siehe Chart 5.14). Linda Bradford Raschke hat das so umschrieben: »Es sieht so aus, als verschieße der Markt seine ganze Munition an einem Tag.«

Die letztgenannten Tage sind an sich uninteressant, aber sie können günstige Gelegenheiten schaffen, denn in der Folge kommt es oft zu breiteren Kursspannen (siehe Chart 5.15). Dabei handelt es sich in der Regel um einen Ausbruchs-Trade, der einiges an Vorbereitung und Planung erfordert. Es gibt viele Handelssysteme, die auf Kursausbrüchen oder Volatilität beruhen, aber letztlich steckt immer das gleiche Konzept dahinter: Der Einstieg in einer gewissen Entfernung vom Anfangs- oder Schlußkurs bzw. vom Hoch- oder Tiefpunkt entweder des letzten oder des vorletzten Handelstags. Ich richte mich bevorzugt nach dem Hoch- oder Tiefpunkt des vergangenen Tags. Wenn sich das ganze als Fehlsignal herausstellt, hat der Trader immer noch die Möglichkeit, seine Entscheidung mit vertretbarem Risiko zu revidieren.

Tage mit enger Kursspanne – entweder nur einer oder mehrere hintereinander – bieten ebenfalls die Chance auf breiter werdende Kursspannen und Kursausbrüche. Dabei ist die Begrenztheit der Kursspanne über mehrere Tage zu beachten (siehe Chart 5.16). Die oben beschriebene Methode für Ausbruch-Trades kann auch auf Tage mit enger Kursspanne übertragen werden. Dabei kommt es zwar öfters zu Verlusten, aber die schmalen Kursspannen halten die Einbußen in so engen Grenzen, daß es vernünftig erscheint, den Trade zu drehen und in die entgegengesetzte Richtung zu spekulieren.

Ich habe nun schon mehrmals breiter werdende Kursspannen erwähnt. Für einen Trader ist es schön, wenn er dabei auf der richtigen Seite steht. Wie wir gesehen haben, bietet aber schon die Tatsache, daß man mit einer solchen Entwicklung rechnet, an den folgenden Tagen gute Gewinnchancen. Daher habe ich die Erweiterung von Kursspannen als wichtige Kategorie mit in dieses Buch aufgenommen.

COMPUTERGENERIERTE ZAHLEN

Magische Zahlen gibt es nicht. Und schon gar nicht funktionieren magische Zahlen als Trading-System. Zahlen sind nur ein Hilfsmittel, ebenso wie die anderen Elemente, die ich bereits erwähnt habe, und man sollte sie alle entsprechend anwenden. Ich verwende zwei Arten von computergenerierten Zahlen, die für zwei verschiedene Zeiträume berechnet worden sind. Ich markiere die Trend-Identifikatoren als gepunktete Linien, einen Oszillator am oberen oder unteren Ende des Charts, und die Pivots als durchgezogene, kurze Linien und Punkte, die vom Oszillator abgeleitet sind (siehe Chart 5.17).

Die Pivots sind diejenigen Kurse, die der Markt weiterhin über- oder unterschreiten muß, damit die aktuelle Neigung des Oszillators intakt bleibt. Wenn der Pivot zuvor über dem aktuellen Kurs lag und nun darunter fällt (oder umgekehrt), erweitert sich in der Regel die Kursspanne des Marktes, was man zu einem Trade in der entsprechenden Richtung nutzen kann. Die Pivots sind auch zuverlässige Anhaltspunkte für Unterstützung und Widerstand auf täglicher Basis. Wenn der Trend eines Marktes schwächer wird, schwankt er meist zwischen der mittelfristigen Trendlinie und dem mittelfristigen Pivot. Das ist ein Anzeichen für einen Seitwärtstrend, der sich entweder zu einem Fortsetzungsmuster, einer Bodenbildung oder einem Top entwickelt (siehe Chart 5.18). In solchen Situationen werden der kurzfristige Pivot und die mittelfristige Trendlinie oft zu Unterstützungs- und Widerstandszonen. Oft definieren sie die täglichen Kursspannen (siehe Chart 5.19).

Der kurzfristige Oszillator am unteren Ende von Chart 5.20 ist

ein äußerst nützliches Hilfsmittel. Er weist genau definierte Kurs-
bereiche als »überkauft« und »überverkauft« aus. Das erlaubt uns
bei Innergame, ein bestehendes Engagement an den Hochs und
Tiefs von Marktumschwüngen glattzustellen oder ein neues einzugehen. Der Oszillator weist auch auf Divergenzen hin, die
ebenfalls ein wichtiges Hilfsmittel sind.

Es gibt viele nützliche computergenerierte Systeme, zum Beispiel ADX, MACD, Stochastik, RSI, Bollinger Bands und andere mehr. Es wäre jedoch ein Fehler, sie isoliert zu betrachten
und seine Trades ausschließlich anhand ihrer Signale zu plazieren. Jeder Trader muß die Hilfsmittel finden, die ihm am meisten liegen und sie zu einer Methode kombinieren, die seiner
Persönlichkeit entspricht. Die Computer-Zahlen des Innergame
Trading Approach werden seit 15 Jahren täglich in Trades um-
gesetzt. Während dieser Zeit wurden sie verfeinert, geprüft und
wieder geprüft, um ihre Verläßlichkeit in wechselnden Markt-
situationen zu erweisen. Daher kommt mein Vertrauen. Dennoch
bin ich mir darüber im klaren, daß es sich lediglich um Zahlen
handelt.

WIE MAN VON EINEM PROFITABLEN TRADE ZUM NÄCHSTEN WECHSELT

Wir haben nun alle wesentlichen Aspekte des erfolgreichen Trading besprochen, doch wir werden unser Ziel nicht erreichen,
wenn wir aufs Gaspedal treten, ohne einen Reiseplan zu haben.
Kein vernünftiger Mensch unternimmt eine Reise, ohne die
Landkarte zu studieren und all die verschiedenen Möglichkeiten,
Hindernisse und Situationen durchzudenken, die mit dieser Reise
verbunden sein könnten. Beim Trading ist es nicht anders.

Aus Hunderten von Gesprächen, persönlichen Freundschaften
mit einigen der besten Trader des Landes und meiner eigenen Erfahrung an den Börsen habe ich folgendes gelernt: Ich habe noch
nie einen dauerhaft erfolgreichen Trader kennengelernt, der sich
nicht äußerst ernsthaft auf seine Trades vorbereitet. Der wichtigste
Teil Ihres Trainings ist es, sich emotional, psychisch und physisch
darauf einzustellen, daß Sie gut vorbereitet, diszipliniert und entschlossen vorgehen müssen, ganz egal, welche Knüppel ihnen der
Markt zwischen die Beine wirft.

Chart 5.13 Der Test von Hochs und Tiefs des Vortags

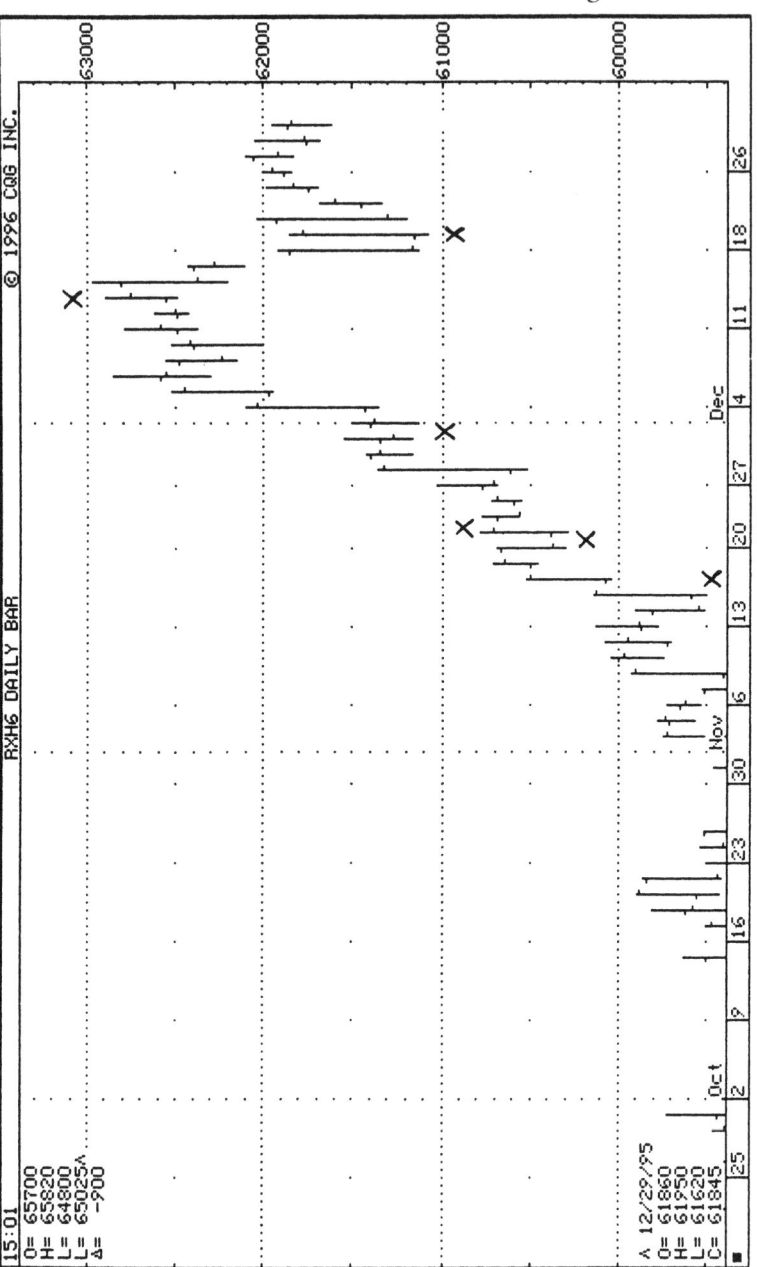

© Copyright 1996 CQG INC.

Chart 5.14 Ausreißer-Tage

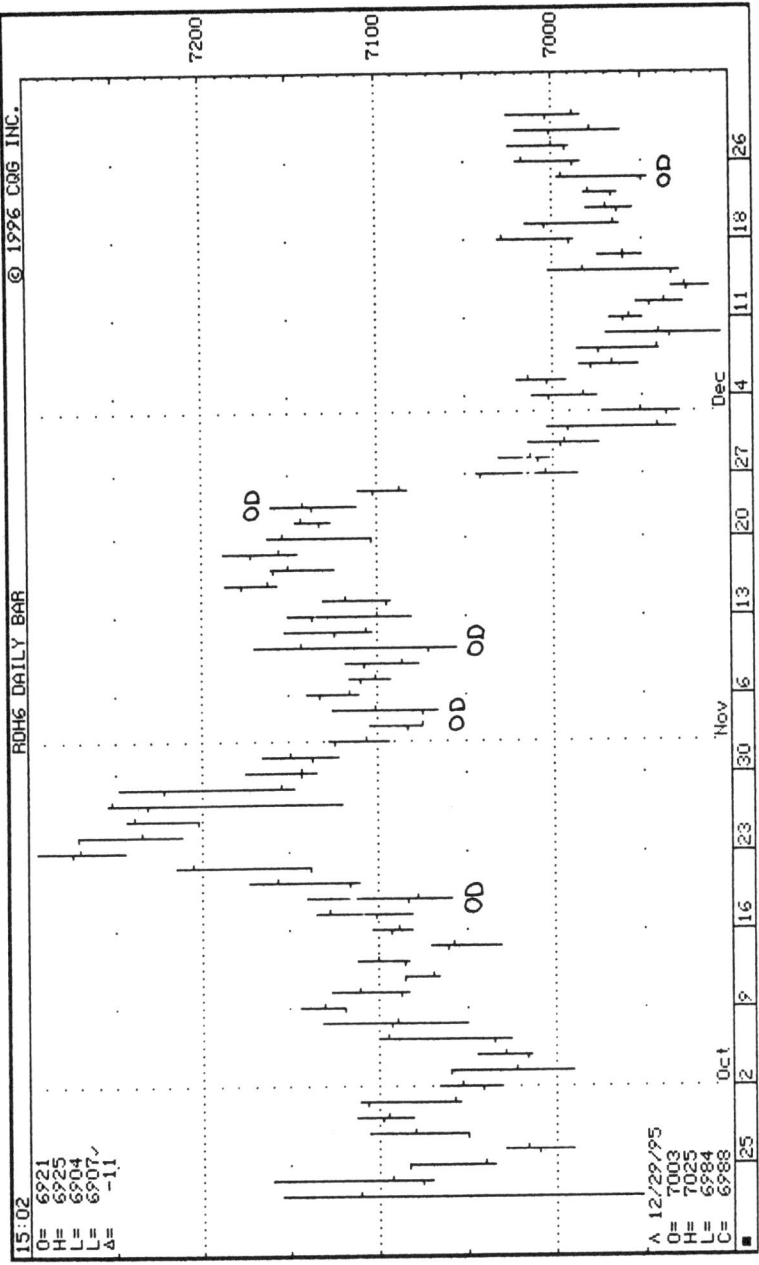

© Copyright 1996 CQG INC.

Chart 5.15 Inside-Tage

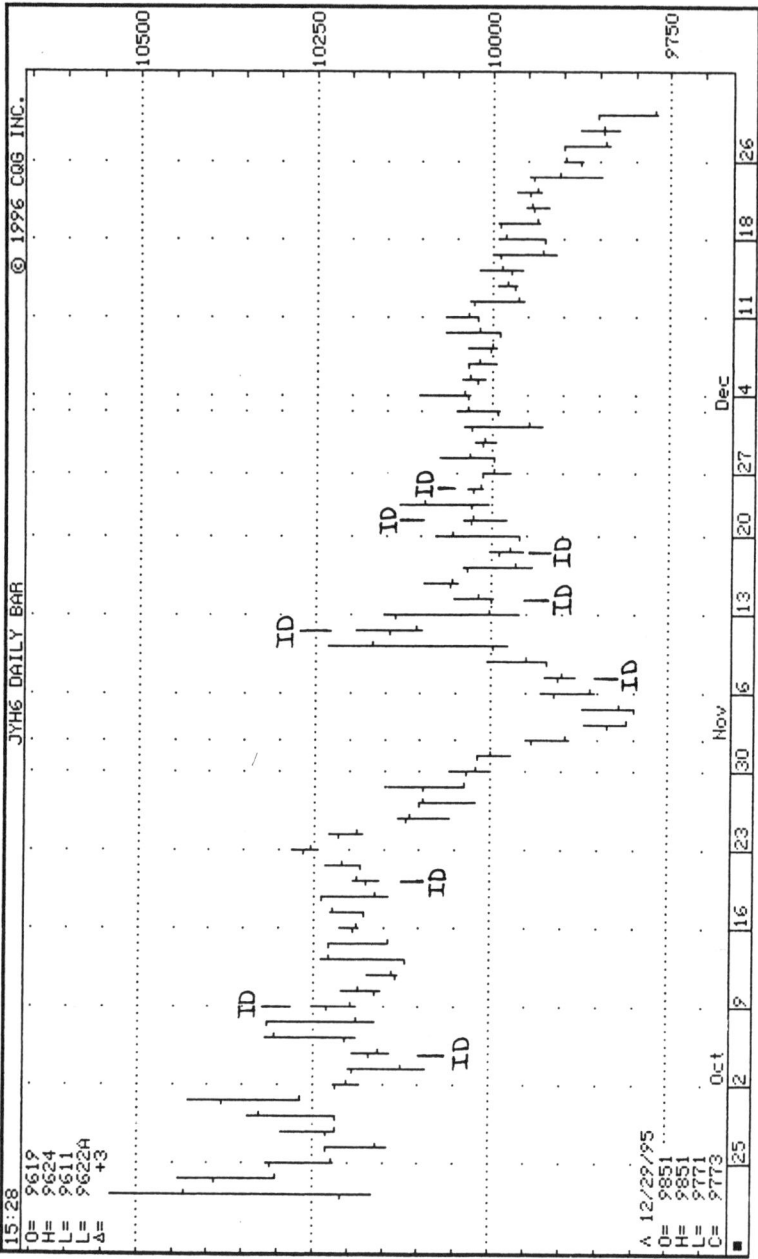

© Copyright 1996 CQG INC.

Chart 5.16 Tage mit enger Kursspanne

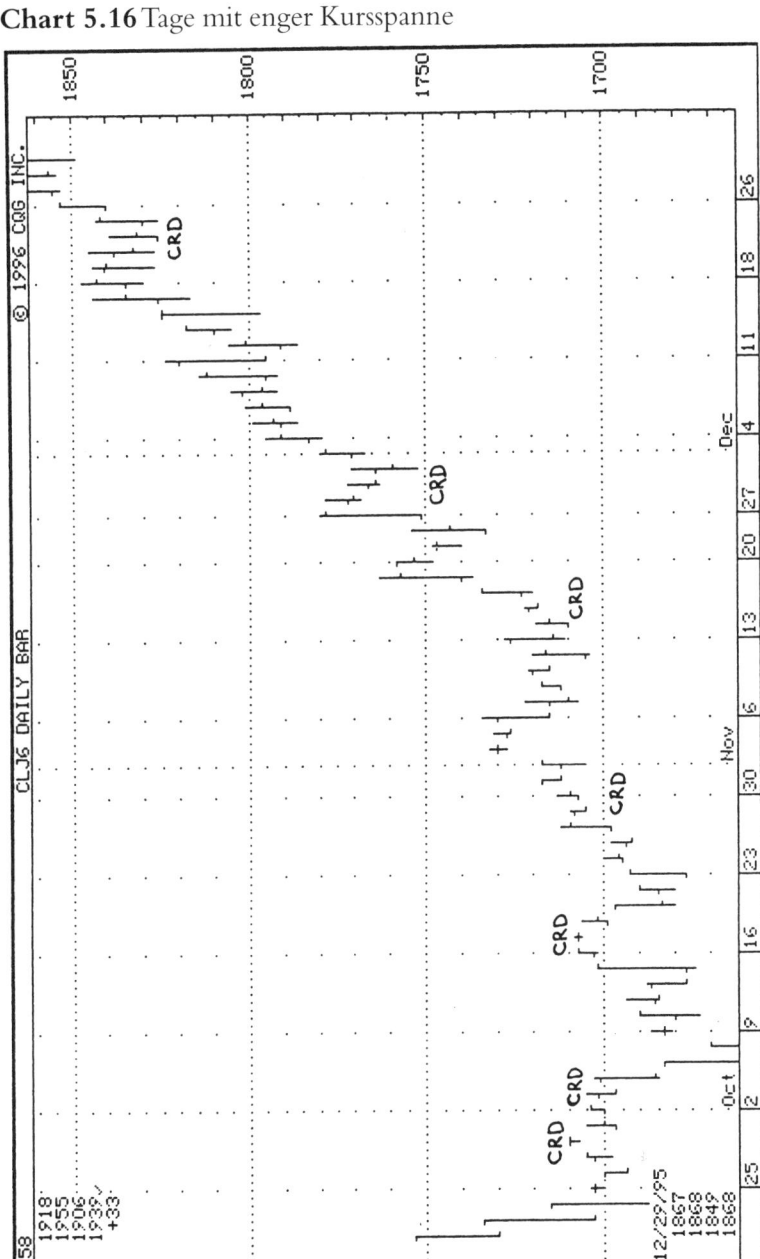

© Copyright 1996 CQG INC.

Chart 5.17 Computergenerierte Zahlen

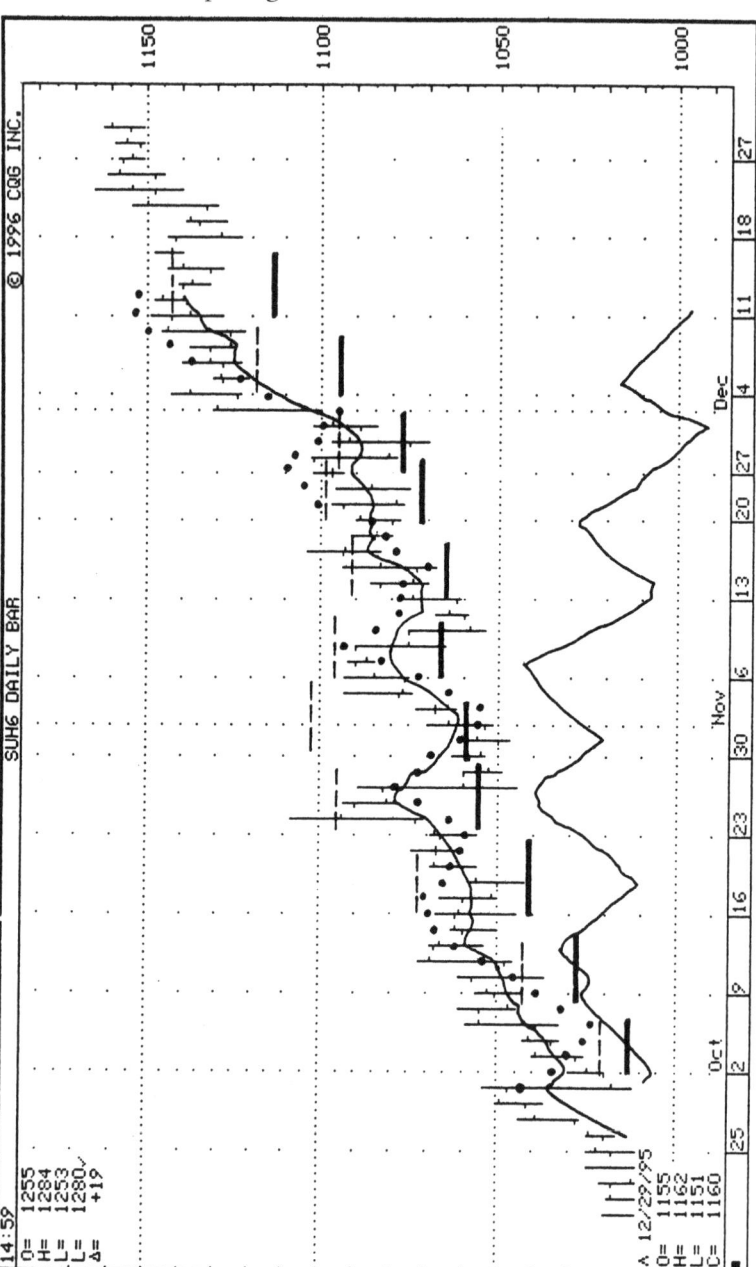

Chart 5.18 Ein abflachender Markttrend

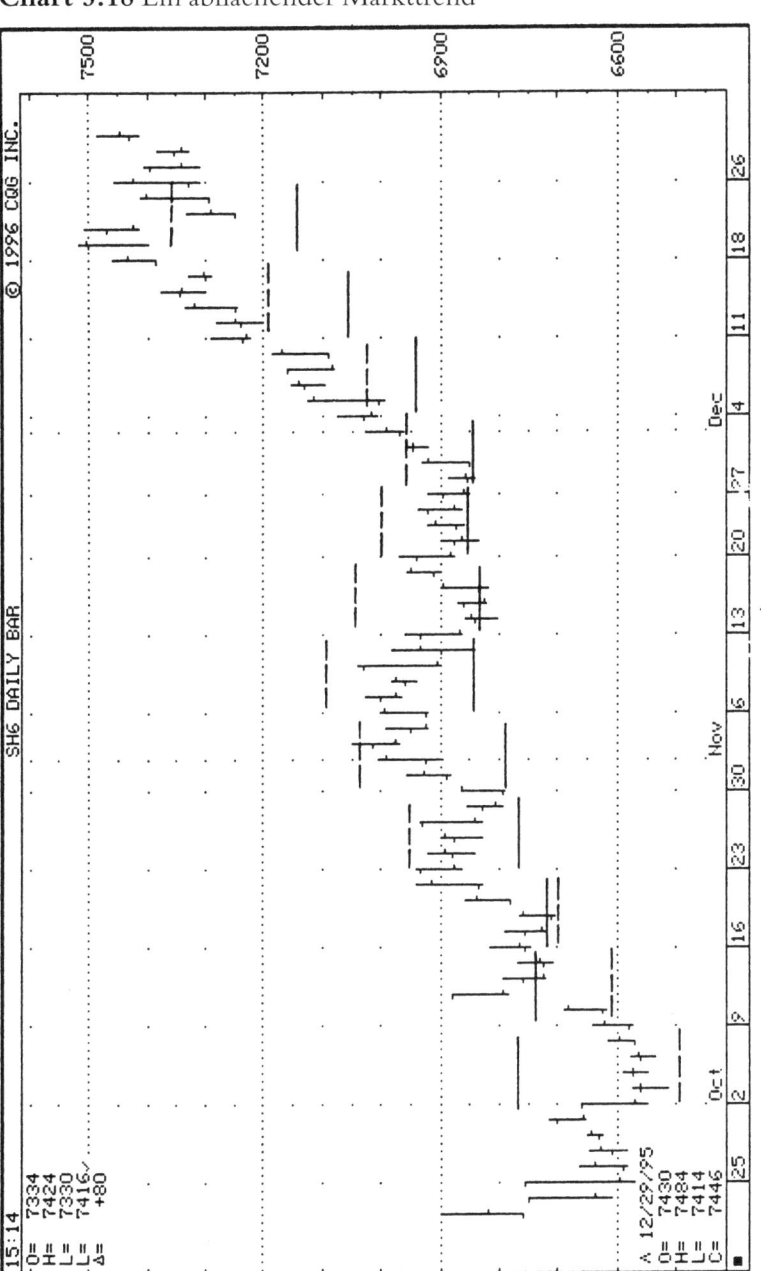

Chart 5.19 Unterstützung und Widerstand zwischen mittelfristigen und täglichen Kursen

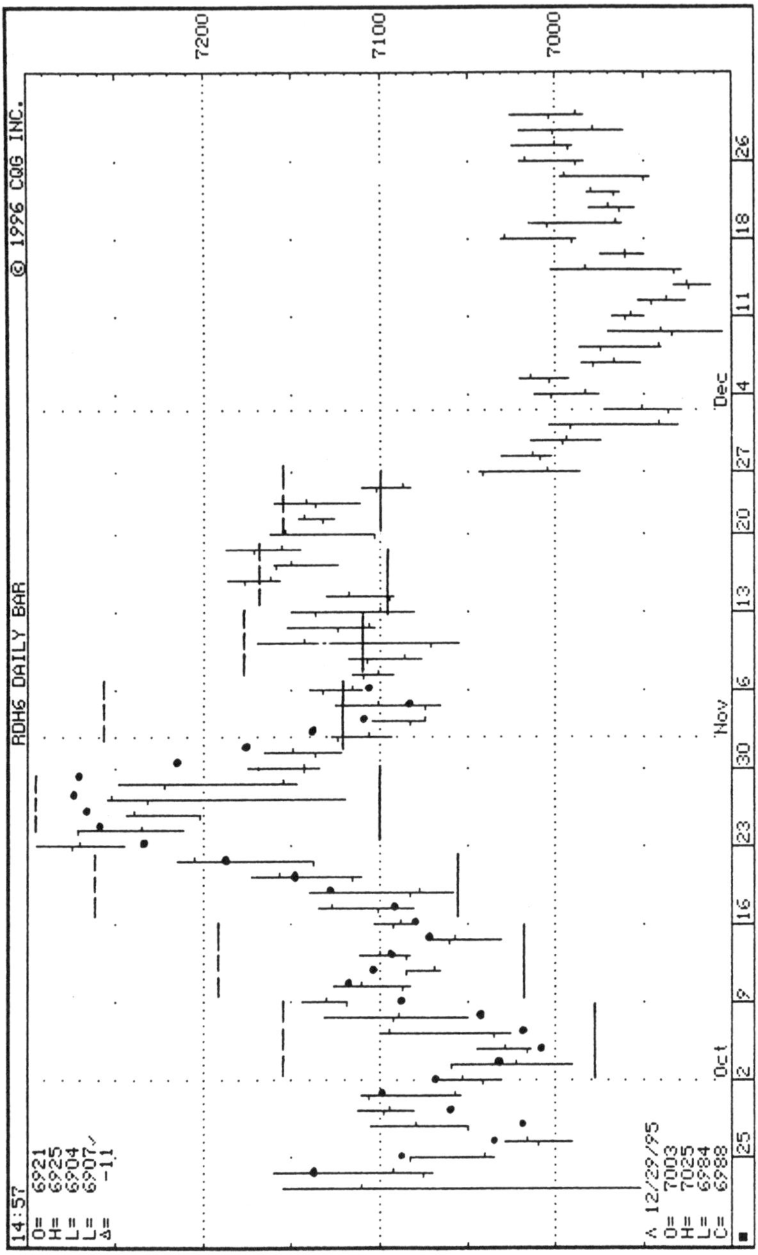

© Copyright 1996 CQG INC.

Chart 5.20 Der nützliche Kurzfrist-Oszillator

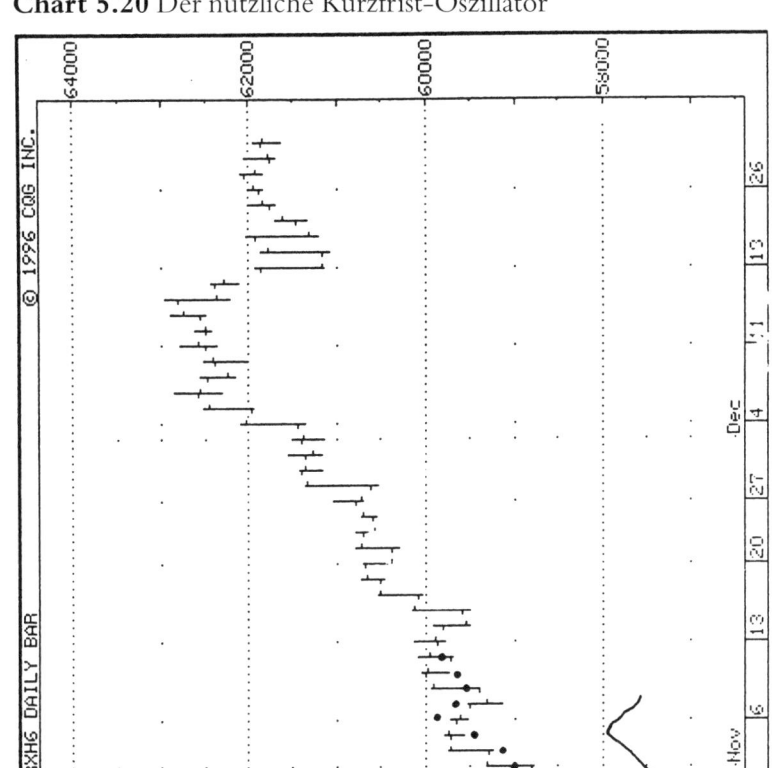

Erinnern Sie sich: Letzten Endes kommt es auf drei Dinge an:

1. Das Erkennen einer guten Gelegenheit
2. Automatisches Handeln
3. Ein gutes Gefühl mit dem Trade

Das Erkennen einer guten Gelegenheit

Sie müssen sich jetzt entscheiden. Sie haben alle Hilfsmittel, nach den Gesetzen der Wahrscheinlichkeit gute Gelegenheiten zu identifizieren. Sie haben die Swing Location, eine doppelte Bodenbildung oder ein Top erkannt. Vielleicht auch eine Tagesformation, die auf einen möglichen Kursausbruch hinweist. Notieren Sie sich ihre Feststellung und bereiten Sie sich darauf vor, entsprechend zu handeln!

Automatisches Handeln

Sie müssen entschlossen, diszipliniert und beständig darin sein, gemäß Ihrer Markteinschätzung und Ihrer harten Arbeit zu handeln. Jeder Tag, an dem der Markt sich so verhält, wie Sie erwartet haben, wird Ihre Disziplin und Ihr Selbstvertrauen stärken.

Ein gutes Gefühl mit dem Trade

Jeder Trade, den Sie nach dem oben beschriebenen Muster ausführen, ist ein guter Trade, egal, ob er nun zu einem Gewinn oder zu einem Verlust führt. Trading ist ein Prozeß, und wichtig ist, was letzten Endes dabei herauskommt, nicht etwa jedes kleine Element oder jeder einzelne Trade innerhalb dieses Prozesses. Ihre kleinen Verluste sind lediglich operative Kosten, die Sie aufwenden müssen, um Gewinne zu machen. Daran müssen Sie wirklich glauben, und aus dieser Einstellung gegenüber dem Markt müssen Sie handeln. Der Innergame Trading Approach basiert auf dieser Grundidee.

TEIL III

Expertenmeinungen zum Day Trading

KAPITEL 6

Bill Williams

Dr. phil. Bill Williams, Gründer der Profitunity Trading Group, ist seit mehr als 35 Jahren aktiver Trader. Seine innovativen Arbeiten zum Thema der physischen Aspekte des Bewußtseins führten dazu, daß Psychotherapie und die Interaktion zwischen der Psyche des Traders und dem Markt nun anders betrachtet werden als früher. Dr. Williams hat den Market Facilitation Index (MFI) entwickelt, der nun zum weltweiten Standard vieler analytischer Computerprogramme gehört, und er hat das Fraktal der Elliott-Wellen entdeckt. Dr. Williams gilt als der bedeutendste aktive Trader, der Fraktale und die Chaostheorie anwendet. Vor kurzem hat er das Buch *»Trading Chaos: Applying Expert Techniques to Maximize Profits«* veröffentlicht.

Frage: *Wie lange haben Sie gebraucht, bis Sie eine erfolgreiche Day-Trading-Methode gefunden haben?*
Bill: Kein Witz: Fast 30 Jahre! Eigentlich habe ich erst 1980 mit ernsthaftem Day Trading begonnen. Bis dahin, etwa von 1959 bis 1980, war ich in erster Linie Positionstrader in Aktien und Futures. Seit 1980 handle ich ausschließlich Futures. Seither habe ich keine Aktie mehr getradet oder besessen, und das wird auch so bleiben.

Frage: *Wie lange haben Sie gebraucht, um die Methode zu finden, die Sie jetzt anwenden?*
Bill: Es war ein schrittweiser Prozeß, eine Art Metamorphose. Ich trade heute völlig anders als vor 15 Jahren. Meine jetzige Methode wende ich seit etwa vier Jahren an. Um Ihre Frage zu beantworten: Mein Zugang zum Day Trading hat sich in einem Zeitraum von elf Jahren entwickelt, und die meisten Fortschritte dabei hatten viel mit meiner Forschung auf dem Gebiet der Chaostheorie und der nichtlinearen Dynamik zu tun.

Frage: *Beruhte diese Forschung in erster Linie auf dem Computer oder auf Ihren Markterkenntnissen?*
Bill: Es begann mit dem Computer. Das beinhaltete nichtlineare Feedback-Berechnung, die mathematisch äußerst kompliziert ist; man braucht dazu einen Mainframe-Computer. Nachdem der die Berechnungen geliefert hatte, verbrachten wir drei Jahre damit, diese mathematischen Ergebnisse in die Definition von Kursmuster-Identifikationssystemen umzusetzen.

Frage: *Und damit arbeiten Sie jetzt?*
Bill: Ja. Das, womit wir nun arbeiten, beruht auf der Chaostheorie, im Gegensatz zu dem, was man in der Regel für traditionelle technische Analyse hält. Wir betrachten den Markt aus fünf verschiedenen Blickwinkeln. Unsere Forschungen legen nahe, daß der Markt ein mindestens fünfdimensionales System ist. Der Kurswert und die Zeit sind zwei Dimensionen, aber wir sind der Ansicht, daß zumindest noch drei weitere in die Betrachtung einbezogen werden müssen.

Frage: *Wie sahen Ihre ersten Versuche im Day Trading aus?*
Bill: Sie erinnern sich sicherlich, daß die frühen 80er Jahre die große Zeit der mechanischen Handelssysteme waren. Ich habe einige davon angewendet, und das hat mich viel gekostet. Ich

meine damit nicht nur die Kosten für die Systeme: Ich habe teuer dafür bezahlt, daß sie versagt haben. Danach habe ich meine Illusionen über mechanische Handelssysteme verloren. Ich füge hinzu: Obwohl alle unsere Indikatoren völlig nichtambivalent sind, ist unsere Methode nicht mechanisch. Um aber auf Ihre Frage zurückzukommen: Ich war über diese Systeme ebenso enttäuscht wie über die traditionelle technische Analyse. Ich hatte das Gefühl, daß viele dieser Systeme auf der falschen Annahme beruhen, daß die Zukunft ebenso verlaufen wird wie die Vergangenheit. Ich betrachte den Markt als ein ständig neues Phänomen. Er ändert sich ständig. Meine Methode ist entsprechend: Sie hat nichts mit traditioneller technischer Analyse zu tun, die nach einem Kursmuster in der Vergangenheit sucht und dann einen Markt finden will, wo sich dieses Muster wiederholen wird.

Frage: *Aber Sie wenden doch ein System zur Identifikation von Kursmustern an?*
Bill: Ja, Sie haben völlig recht.

Frage: *Suchen Sie also nach neuen Mustern? Oder reagieren Sie auf bekannte Muster ganz anders, als es bisher getan wurde?*
Bill: Nun, lassen Sie es mich so erklären: Wir versuchen, den Markt auf eine völlig neue Weise zu betrachten. Die traditionelle Physik sieht auf Raum, Zeit, Masse und Energie, und wir denken, daß diese Dinge auch auf dem Markt eine Rolle spielen. Den Raum betrachten wir durch die Linse des Fraktals, die Zeit durch unsere Interpretation des Kursbereichs. Die Masse entspricht ganz offensichtlich dem Umsatz, und den Umsatz habe ich seit langer Zeit sehr genau verfolgt. Die Energie ist das Momentum. Die Energie des Marktes betrachten wir in zwei verschiedenen Phasen: Wir schauen auf das Momentum selbst, und dann beobachten wir sehr genau das, was wir die Beschleunigung oder Verlangsamung, kurz: die Veränderung des Momentums nennen.

Unsere Theorie beruht auf der These, daß Preise keinen Kausalfaktor auf dem Markt darstellen. Vor dem Preis ändert sich das Momentum, davor der Umsatz und noch früher all die verrückten Trader auf der Welt, die ihre verrückten Entscheidungen treffen. Unsere besten Trades und die besten Kauf- und Verkaufszeitpunkte basieren daher immer auf einer Änderung des Momentums, nicht etwa des Kurswerts.

Sie sehen: Das ist eine völlig neue Art, das Marktgeschehen zu betrachten. Die alten Ansätze funktionieren einfach nicht! Die Black-Box-Systeme beruhten ebenfalls auf einer falschen Grundannahme. Als Computer erschwinglich wurden, und die Leute es praktisch fanden, einen zu besitzen, wurde es einfach, einen Computer so zu programmieren, daß er Daten der Vergangenheit zu einem idealen Handelssystem verarbeitete. Je besser es aber ist, und je profitabler es in der Vergangenheit gewesen wäre, desto sicherer kann man sagen, daß es in der Zukunft nicht funktionieren wird. Sonst müßte die Zukunft nämlich eine exakte Wiederholung der Vergangenheit sein!

Wie erwähnt, habe ich eine Reihe dieser Black-Box-Systeme ausprobiert. Ich war in der Tat so damit beschäftigt, daß ich selbst einige Dutzend solcher Systeme kreiert habe. Aber keines davon hat wirklich funktioniert. Einige funktionierten für kurze Zeit, aber am Ende versagten sie alle. Ein Beweis dafür: Es gab am Anfang der 80er Jahre hunderte solcher Systeme, die man für 3000 Dollar oder mehr kaufen konnte. Sie sind alle verschwunden. Soweit ich weiß, wird kein einziges von ihnen mehr angewendet.

Frage: *Was ist für Sie mit Ihrer jahrelangen Erfahrung der Schlüssel für ein erfolgreiches Day-Trading-System?*

Bill: Man muß auf die grundlegenden Stukturen des Marktes achten und nicht auf die Marktindikatoren. Ein Beispiel: Der offensichtlichste Indikator, den es gibt, ist wohl ein Kursausbruch, also die Bewegung eines Marktes heraus aus einer Kursspanne oder einem Konsolidierungsbereich. Das Problem: Wenn Sie bei einem Kursausbruch einsteigen, erwischen Sie einen denkbar schlechten Zeitpunkt. Womöglich kaufen Sie gerade zum Höchst- oder Tiefstkurs. Im Prinzip ist das nicht falsch, aber man hat keinen Vorteil davon. Wir verfolgen beim Day Trading zwei Ziele: (1) Wir wollen von 90 Prozent eines Trends profitieren. Das heißt, wir wollen im Bereich der unteren zehn Prozent einer Kursbewegung kaufen und in den oberen zehn Prozent verkaufen. Und (2) beruhen unsere Käufe und Verkäufe auf den fünf genannten Dimensionen. Das ermöglicht es uns regelmäßig, das Drei- bis Fünffache einer Kursbewegung am Markt zu erzielen. Wenn ein Index sich an einem Tag um 500 Punkte bewegt, dann wollen wir 1500 bis 2500 Punkte Gewinn erzielen.

Frage: *Warum meinen so viele Leute, daß erfolgreiches Day Trading unmöglich ist?*

Bill: Es gibt einige sehr, sehr gute Trader, denen ich großen Respekt entgegenbringe, die sagen, daß man völlig verrückt sein muß, um an Day Trading überhaupt nur zu denken. Eines der besonderen Probleme beim Day Trading ist wohl, daß man es mit einem schnellen Markt zu tun hat. Also muß man etwas haben, das sich bewegt, wie etwa Währungen oder den S&P. Die meisten unerfahrenen Trader haben vor diesen Märkten einen Heidenrespekt. Wie Sie wissen, kann sich der S&P innerhalb von Minuten um Hunderte von Basispunkten bewegen. In solchen Situationen kommt Angst ins Spiel. Und Trader, die ängstlich handeln, erzielen aus psychologischer Sicht die konsistentesten Ergebnisse. Nur leider kaufen sie zum Höchst- und verkaufen zum Tiefstkurs. Wer aus Angst handelt, macht garantiert Fehler. Und da der S&P ein Markt ist, der einem Angst machen kann, ein kraftvoller Markt, weil er sich so schnell drehen und so große Kursbewegungen aufweisen kann, fühlen sich einige Leute wohl wie versteinert.

Frage: *A propos psychologischer Zustand: Was ist die optimale Psychologie für erfolgreiches Day Trading?*

Bill: Ich denke, die Psychologie ist wichtiger als die Methode. Beim Trading ist die Einstellung wichtiger als die Geschicklichkeit. Die meisten Leute haben einfach nur Angst vor den Märkten. Wir stellen Leuten, die unsere Lehrveranstaltungen besuchen, zum Beispiel die Frage, als welche Art von Tier sie den Markt sehen. Und immer wieder sagen sie, wahrscheinlich im Hinblick auf den S&P, er sei ein Gorilla, eine Schlange oder jedenfalls etwas sehr Bedrohliches. Eines unserer Ziele, auch eines meiner persönlichen Ziele ist es, ein freundschaftliches Verhältnis zum Markt zu haben und sich nicht über ihn aufzuregen, denn im Prinzip ist der Markt eine sehr neutrale Sache. Und eine unserer psychologischen Herangehensweisen an das Trading ist es auch, zu bestimmen, bis zu welchem Ausmaß wir sagen können: »Es ist mir egal, in welche Richtung der Markt tendiert«. Wenn es mir wirklich egal ist, dann weiß ich, daß ich richtig trade, weil ich mich im Einklang mit dem Markt befinde. Wenn ich aber dasitze und sage: »Hoffentlich steigt er, hoffentlich steigt er, hoffentlich steigt er!«, dann habe ich ein Problem, weil ich versuche, den Markt zu beeinflussen. Das Geheimnis des erfolgreichen Trading ist meiner Meinung nach das Aufgeben der eigenen Persönlichkeit und der eigenen Wünsche. Man muß sich darauf konzentrieren, eins mit dem Markt zu werden. Das ist fast eine Zen-artige Übung.

Frage: *Zen-artig?*
Bill: Zen-artig. Ich denke auch, daß gutes Trading fast wie eine Religion ist, in dem Sinn, daß man die eigene Persönlichkeit für eine größere, stärkere Macht aufgibt, und die größere, stärkere Macht ist der Markt. Ich glaube, es gibt eine Menge Parallelen zwischen gutem Trading und Religion!

Frage: *Was ist die optimale Psychologie für das Day Trading?*
Bill: Die optimale Psychologie ist wohl, nicht an die Dollars zu denken. Nicht daran zu denken, wie hoch man im Gewinn oder wie tief man im Verlust steht. Und am Ende eines Trading-Tages sollte man sich nicht die Frage stellen: »Wieviel Geld habe ich heute gewonnen oder verloren?« Die einzig angemessene Frage lautet: »War ich im Einklang mit dem Markt?« Und es gibt Tage, da ist man absolut im Einklang mit dem Markt, doch man verliert trotzdem Geld. Es gibt aber auch Tage, an denen man mehr Geld verdient als man je für möglich gehalten hätte, wenn man im Einklang mit dem Markt ist. Man kann auch Geld verdienen, wenn man nicht im Einklang mit dem Markt ist. Auf die Dauer funktioniert das aber nicht.

Unsere ganze Methode läuft also darauf hinaus, mit dem Markt eins zu werden. In einem der besten Bücher, die es zum Thema Day Trading gibt, steht kein einziges Wort über Day Trading. Es ist ein Buch von Alan Watts. Er war ein Philosoph und schrieb ein Buch über Zen mit dem Titel »*The Wisdom of Insecurity*«. Es ist ein großartiges Buch für Day Trader. In diesem Buch steht nichts über Trading, Systeme oder dergleichen, doch in der Einführung steht, daß jemand, der ins Wasser fällt, Angst vor dem Wasser hat und gegen das Wasser kämpft, wahrscheinlich ertrinken wird. Wenn er aber locker bleibt und sich treiben läßt, dann hält ihn eben diese Sache, vor der er Angst hat, oben und rettet ihm das Leben. Ich halte das für eine sehr gute Analogie zum Marktgeschehen.

Frage: *Wollen Sie damit sagen, daß die meisten Trader damit rechnen, unterzugehen, wenn Sie in den Markt eintreten?*
Bill: Absolut. Ich halte die meisten Day Trader oder zumindest die, mit denen ich zu tun hatte, für ängstlich. Wenn sie einen Trade eingehen, kann man sehen, wie sie physisch verkrampfen. Ihre Schultern sinken herab, ihr Kopf geht nach vorn und sie werden körperlich steif. Ich halte das für sehr, sehr schlecht, psychisch wie physisch. Ich denke, das ist ein großes Hindernis.

Frage: *Meine Erfahrung ist die: Menschen, die nicht entspannt sind, können nicht sehen oder hören, welche Chancen der Markt ihnen bietet.*
Bill: Da haben Sie völlig recht, und ich denke, daß es dafür einen physiologischen Grund gibt. Wenn man angespannt ist, schneidet man in der Regel den größten Teil der Sauerstoffzufuhr zum Gehirn ab, und daher kann man in der Tat nicht mehr so gut denken. Wenn man entspannt ist, denkt man viel besser, viel rationaler. Wer angespannt ist, neigt zum Reagieren, und eine ängstliche Reaktion ist an der Börse oft fatal.

Frage: *Könnten Sie noch ein wenig über Ihre Trading-Methode sagen?*
Bill: Da wir versuchen, im Einklang mit dem Markt zu sein, handelt es sich im Prinzip um ein Trendfolgemodell, aber nicht nach dem traditionellen Muster. Ich kann Ihnen an einem Beispiel zeigen, wonach wir suchen. Wenn Sie eine Bowlingkugel die Straße hinunterrollen, wird das Momentum die Kugel in Bewegung halten, bis sie entweder an einem Hindernis aufgehalten wird oder einen Anstieg hinaufrollt, langsamer wird und liegenbleibt. Am Markt geschieht das gleiche. Der Markt behält sein jeweiliges Momentum, bis eine neue Information auftaucht. Neue Information ist eine der Definitionen von Chaos. Demzufolge bewegt neue Information oder Chaos den Markt. Aber zurück zu unserem Beispiel: Wenn die Kugel die Straße hinunterrollt und auf einen Anstieg trifft, rollt sie ihn hinauf, bis sie ihr Momentum verliert. Dann wechselt sie die Richtung und rollt wieder hinunter. Ebenso ist es, wenn ein Markt einen Trendwechsel vollzieht. Wenn die Bowlingkugel langsamer wird, beschleunigt sie, physikalisch gesehen, in die andere Richtung. Unser erster Anhaltspunkt für den Markteintritt ist das, was wir den Beschleunigungs/Verlangsamung-Index oder AC/DC-Index nennen. Er mißt die Veränderung des Momentum. Sobald das Momentum sich zu verändern

97

beginnt – und es verändert sich immer, bevor sich die Kurse verändern –, haben wir ein Signal für den Markteintritt. Das erlaubt es uns, im Bereich der unteren zehn Prozent einzusteigen und in den oberen zehn Prozent der Bewegung wieder auszusteigen. Wenn das Momentum dann wieder dreht, wenn die Bowlingkugel zurückrollt, dann sind sind wir schon wieder im Markt. So machen wir weiter und wiederholen diesen Prozeß, wann immer der Markt uns nahelegt, den Einsatz zu erhöhen. Und wir tun das sehr schnell.

Der S&P weist nur in 15 bis 30 Prozent aller Fälle wirklich einen Trend auf. In der restlichen Zeit herrscht eine Seitwärtstendenz. Wenn man also in einem Trend ist, muß man sehr, sehr aggressiv vorgehen. Daher erhöhen wir unsere Positionen in allen fünf Dimensionen. Wann immer wir von einer der fünf Dimensionen ein Signal erhalten – zum Beispiel auf steigende Kurse zu setzen –, erhöhen wir den Einsatz. Beim ersten negativen Signal aus einer der fünf Dimensionen stellen wir alle Positionen glatt. In einer Seitwärtstendenz, die ja meistens vorherrscht, verdienen wir für gewöhnlich ein wenig Geld oder treten auf der Stelle. Aber das meiste Geld verdienen wir mit dem Trend.

Frage: *In einer Seitwärtstendenz bekommen Sie demnach Signale in beiden Richtungen, aber Ihre Stopp-Kurse liegen sehr nahe bei Ihren Einstiegskursen?*
Bill: Ja, sehr nahe.

Frage: *Verwenden Sie bei Ihrer Analyse für das Day Trading verschiedene Zeitrahmen?*
Bill: Ja.

Frage: *Von einem Tag bis zu 60 Sekunden, oder was ist der kürzeste Zeitrahmen, den sie verwenden?*
Bill: In der Regel fünf Minuten, vor allem beim S&P, und wir haben das jahrelang erforscht. Wir tun das so lange, wie die Kursspanne innerhalb der fünf Minuten mindestens 20 Ticks beträgt. Wenn der Umsatz absinkt, wechseln wir in der Regel zu einem Zehn-Minuten Chart.

Frage: *Sie wechseln also nach bestimmten Kriterien von einem Zeitrahmen zum anderen.*
Bill: Ja, abhängig vom Umsatz. Wenn wir nun für den ganzen Tag

eine Seitwärtsttendenz erwarten und an diesem Tag traden wollen, wechseln wir zu einem Drei-Minuten-Chart.

Frage: *Wie sind Sie zu Ihrer gegenwärtigen Methode gekommen?*
Bill: Ich kann Ihnen sagen, daß ich früher kein erfolgreicher Trader war. Seit 1959 bin ich Trader, und 1980 habe ich mich dazu entschlossen, es hauptberuflich zu tun. Ab diesem Zeitpunkt sanken meine Gewinne. Ich hatte alle möglichen Börsenbriefe abonniert, ich nutzte alle Informationsmöglichkeiten, aber nichts half. Also beschloß ich, alles abzustreifen und einfach das zu tun, was mir der Markt nahelegte. Etwa zu dieser Zeit forschte ein Mann namens Benoit im IBM Research Center in Yorktown, New York. Er fand heraus, daß die Fraktalzahl als Maß für die Wasserschwankungen des Mississippi sich auch auf die Baumwoll- und Maispreise anwenden ließ. Diese Information veränderte meine gesamte Trading-Laufbahn. Sie zeigte mir, daß die Märkte sehr natürliche Abläufe aufweisen. Sie sind nicht ökonomisch, nicht fundamental, nicht technisch und auch nicht mechanisch; sie sind ein natürlicher Prozeß. So gesehen verhalten sich die Märkte wie das Wetter: Es ist recht einfach zu prognostizieren, wie das Wetter in den nächsten 15 Minuten sein wird. Aber es ist viel schwieriger, zu sagen, wie es nächste Woche sein wird. Das Chaosprinzip, nach dem wir traden, ist also, wie sich der Markt gerade jetzt und unmittelbar darstellt. Wir sehen nicht in die Zukunft und sagen: »Jetzt sind wir an diesem Punkt, und nächste Woche werden wir an jenem Punkt sein.« Wir traden das, was der Chart uns gerade jetzt nahelegt.

Frage: *Wie gehen Sie mit den Verlusten um, die Sie als natürlichen Teil des Prozesses hinnehmen müssen?*
Bill: Ja, das ist richtig: Sie sind ein natürlicher Teil des Prozesses. Das gilt für Trader generell und ganz bestimmt für mich. Aus meinen Verlusten habe ich immer wesentlich mehr gelernt als aus meinen Gewinnen. Wenn ich eine gute Gewinnposition habe, halte ich mich für ziemlich clever. Aber wenn ich Verluste erleide, forsche ich nach, versuche herauszufinden, wie das passieren konnte, und wie ich es in Zukunft verhindern kann. Ich habe schon erwähnt, wie wichtig es ist, den Markt als einen Freund zu betrachten. Und wenn ich verliere, weiß ich, daß ich nicht im Einklang mit dem Markt war. Viele Leute geben dem Markt die

Schuld für ihr Versagen, und sogar professionelle Trader sagen völlig unsinnige Dinge wie: »Der Markt hat mich ausgestoppt.« Der Markt hat noch nie jemanden ausgestoppt! Man wird ausgestoppt, weil man eine Entscheidung getroffen hat, die vielleicht im Einklang mit dem Markt stand, vielleicht auch nicht. Vielleicht war es ein Fall von ängstlichem Trading. Ich bin davon überzeugt, völlig überzeugt, daß der Markt mich reich belohnen wird, wenn ich meine persönlichen Vorurteile aufgeben kann und ein gehorsamer Diener des Marktes bin, wenn ich in den fünf erwähnten Dimensionen jetzt genau das tue, was der Markt mir sagt!

Frage: *Was sagen Sie zu sich, wenn Sie Verluste machen?*
Bill: Eigentlich nichts. Wissen Sie, ich bin mit älteren Tradern aufgewachsen, die Dinge sagten wie: »Du sollst Deine Verluste lieben« und ähnliches. Ich habe das nie für sehr sinnvoll gehalten. Aber ich glaube tatsächlich, daß Verluste einfach dazugehören. Doch mit unserer fünfdimensionalen Trading-Technik setzen wir ständig auf steigende oder fallende Notierungen. Wenn wir in eine Richtung spekulieren, drehen wir unsere Positionen beim ersten negativen Signal um. Dadurch halten sich Verluste in engen Grenzen. Es passiert sehr selten, daß wir mit einem Kontrakt einen hohen Verlust erleiden.

Frage: *Aber in Seitwärtsmärkten kann es geschehen, daß Sie zwei oder drei Tage lang sehr kleine Verluste erleiden, die sich dann summieren. Wie gehen Sie damit um?*
Bill: Die größten Bewegungen entstehen immer in langweiligen, bewegungslosen Märkten. Wenn es also besonders langweilig ist, müssen wir am schärfsten aufpassen, denn in solchen Situationen entwickeln sich gute Chancen. Wir Trader verdienen ja unser Geld damit, eine Veränderung des Marktes oder des vorherrschenden Paradigmas schneller zu erkennen als andere. Wenn es schon vom Wall Street Journal oder von FNN verbreitet wird, ist es zu spät, um einzusteigen.

Wir haben unseren eigenen Indikator, den wir Balance-Linie nennen. Dabei handelt es sich um genau den Punkt, an dem die Anziehung zweier unterschiedlicher und starker Attraktoren – das ist ein Begriff aus der Chaos-Theorie – stattfindet. Es gibt einen Punkt, an dem es dann zur »kontinentalen Wasserscheide« kommt. Befindet sich der Markt über diesem Punkt, dann wird er steigen. Liegt er darunter, dann wird er fallen. Dieser Punkt oder diese Linie tritt immer in einer langweiligen Marktsituation auf. Hochs und Tiefs treten auf beiden Seiten auf, und wenn der Markt sich von dieser Linie entfernt, sind wir sehr daran interessiert, in die gleiche Richtung zu gehen. Um Ihre Frage zu beantworten: Wir haben keine Angst vor Märkten mit eng begrenzten Kursspannen, was nicht bedeutet, daß wir dabei keine Verluste erleiden. Wir wissen aber, daß die Verluste sehr klein sind, wenn wir auf der Stelle treten, und daß wir zu anderen Zeiten sehr viel Geld verdienen, wenn wir den Trend erkennen.

Die meisten Trader, die ich kenne, holen aus einem Trend nur 20 bis 30 Prozent heraus, und wir versuchen 80 Prozent zu erzielen. Und wir schaffen es auch! Das funktioniert nur, wenn wir schon engagiert sind, bevor es auch andere Leute merken.

Frage: *Einer der außergewöhnlichen Aspekte Ihres Systems scheint mir zu sein, daß Sie Ihren Einsatz ständig erhöhen, wenn der Markt in die von Ihnen erwartete Richtung tendiert. Viele Leute würden sich mit dieser Vorgehensweise nicht wohlfühlen. Für Sie bedeutet es natürlich, das Maximum aus einem Trend herauszuholen, der sich gerade entwickelt.*
Bill: Völlig richtig.

Frage: *Gut, wir haben nun von Verlusten gesprochen. Aber wie gehen Sie mit den Gewinnen um?*
Bill: Im Grunde mache ich mir um die Gewinne keine Gedanken. Ich rechne nie aus, wieviel ich mit einer einzelnen Position verdient habe. Ich betrachte lediglich den Markt, denn er könnte mir nahelegen, in die entgegengesetzte Richtung zu spekulieren. Wenn der Markt also nach oben tendiert, dann wieder absackt und einen großen Teil meiner Gewinne auslöscht, dann werde ich meine Positionen nicht drehen oder glattstellen, bis mir der Markt sagt, daß ich es tun soll. Ich treffe keine solche Entscheidung; ich warte, bis der Markt es mir sagt.

Frage: *Sie haben es schon erwähnt, aber wollen Sie damit wirklich sagen, daß Sie überhaupt nicht über das Geld nachdenken, das Ihnen möglicherweise entgeht?*
Bill: So ist es. Ich habe das schon früh gelernt. Ich hatte das Glück, mit einem 92jährigen Trader zusammenzuarbeiten, der ungeheuer clever war. Er war ein großer, schlanker Mann, und er nannte mich

»Little Willy«. Ich hatte noch nicht lange mit ihm getradet, eine Stunde vielleicht, als er zu mir herüberschaute und sagte: »Little Willy, wenn Du so atmen würdest wie Du tradest, wärst Du in fünf Minuten tot.« Ich sagte: »Wie meinen Sie das?« Er antwortete: »Du willst immer nur einatmen.« Ich sagte: »Ich weiß immer noch nicht, was Sie meinen.« Er erwiderte: »Trading ist wie atmen. Man atmet ein, um genug Sauerstoff zu erhalten, vielleicht noch ein wenig extra. Dann atmet man aus und überläßt den Rest des Sauerstoffs jemand anderem. Du aber willst noch den letzten Penny aus Deinen Trades quetschen. Wenn Du so atmen würdest, würdest Du immer nur einatmen, und Du wärst in fünf Minuten tot.« Diese Lektion habe ich nie vergessen.

Frage: *Wie Sie wissen, gibt es viele erfolgreiche Trader, deren Maxime lautet:* »*Wenn ich einen Gewinn habe, lasse ich ihn mir nicht mehr nehmen.*« *Sie sind bereit, den Markt so schnell wie möglich zu verlassen, um den Gewinn zu vereinnahmen.*

Bill: Nun, ich kann nur sagen, daß das auf mich nicht zutrifft. Es gibt vieles, was andere Trader tun, und es gibt viele Leute, die sagen, daß man einen Gewinn nie zu einem Verlust werden lassen sollte, daß gutes Geldmanagement bedeutet, niemals mehr als einen bestimmten Betrag zu verlieren. Ich kenne zum Beispiel einige S&P-Trader, die sagen, daß sie nie einen Verlust riskieren, der höher ist als 100 Punkte oder 500 Dollar. Aus meiner Sicht ist das dummes Trading, denn damit tradet man seine Brieftasche und nicht den Markt. Meine Brieftasche hilft mir nicht dabei, den Markt profitabel zu traden. Ich weiß das! Die einzige Möglichkeit, Erfolg zu haben – und ich weiß, daß das nicht jedermanns Sache ist –, ist es, mit dem Markt so in Einklang zu sein, daß ich mache, was der Markt mir sagt und ihm nicht zu befehlen versuche, indem ich auf meine Brieftasche höre.

Frage: *Warum gibt es Leute, die nicht die Fähigkeit zu erfolgreichem Day Trading haben?*
Bill: Zum Teil liegt es an der Vorstellung vom Trading ohne Risiko. Wir sind mit den weisen Ratschlägen unserer Eltern aufgewachsen, keine Risiken einzugehen. Als Kinder sind wir damit zugeschüttet worden, und jetzt haben wir einen Beruf, in dem wir vorsätzlich Risiken eingehen müssen. Darum zerbrechen sich die Leute die Köpfe über Chance/Risiko-Verhältnisse, Zielkurse, an-

gestrebte Gewinne und dergleichen, wo es für sie doch eigentlich darum geht, Risiken einzugehen. Solche Risiken, die andere nicht auf sich nehmen wollen. Das ist aber nicht die Einstellung der meisten Day Trader. Die meisten, die ich kenne, nähern sich dem Markt mit großer Furcht und Verschüchterung.

Frage: *Bill, sie veranstalten ständig Ausbildungskurse, und sie haben viele erfolgreiche Schüler. Welchen psychologischen Ballast bringen viele dieser Schüler mit, der sie daran hindert, erfolgreich zu sein?*
Bill: Ich glaube, das ist die 64 000-Dollar-Frage. Es gibt zwei Hauptgründe: Viele Leute, die sich dem Commodity Trading widmen, haben schon Erfolge erzielt. Die meisten unserer Schüler sind erfolgreiche Menschen. Die meisten sind Profis. Sie sind oder waren geschäftlich erfolgreich. Wir wissen aus aktuellen Studien, daß die Gruppe der Commodity Trader in puncto Intelligenz zu den oberen zehn Prozent der Bevölkerung gehört. Man hat also erfolgreiche und intelligente Leute, die zum Day Trading kommen, und 90 Prozent von ihnen haben dabei keinen Erfolg.

Das Problem dabei ist: Was jemanden auf anderen Gebieten erfolgreich macht, trägt zum Trading-Erfolg nichts bei. Der zweite Schlüsselfaktor ist die Fähigkeit, sein Ego hintanzustellen. Es ist unsere grundlegende, fundamentale Überzeugung, daß niemand den Markt tradet. Wir alle traden unser Glaubenssystem, also unser Ego. Wir sind also alle Ego-Trader, und wenn wir mit dem Markt in Einklang kommen wollen, geht es vor allem darum, das Ego abzuschalten. Gutes Trading ist also vor allem ein psychologisches, nicht so sehr ein methodisches Problem.

Im Grunde gibt es nur zwei Möglichkeiten, beim Day Trading zu versagen: Eine unrichtige Analyse und die ungeeignete Umsetzung einer richtigen Analyse. Der erste Schritt ist also, die grundlegende Struktur des Marktes zu verstehen, und damit meine ich nicht die Fassade der Kurse. Ich spreche nicht über den Kurschart, denn er bezeichnet die Auswirkung, nicht die Ursache, und unglücklicherweise achten die meisten Leute genau darauf am meisten. Zweitens ist es wichtig, seine eigene grundlegende Persönlichkeitsstruktur zu verstehen, denn die meisten von uns haben nicht genug Geld, um den Markt zu bewegen. Wir müssen unsere Persönlichkeitsstruktur daher dem Markt anpassen. Wenn wir unsere eigene Grundstruktur an die des Marktes angepaßt haben, liegen die Gewinne auf dem Weg des geringsten Widerstands. Sie werden einfach herangeschwemmt. Unser Trading ist mit sehr wenig Streß verbunden. In unserem Trading Room regen wir uns nicht auf. In der Regel sitzen wir wir da mit dem Hund und der Katze bei klassischer Musik. Es ist überhaupt kein hektischer Ort, die Atmosphäre ist fast schon meditativ.

Noch einmal zu den beiden Schlüsselbegriffen: Das Verständnis der Marktes; wie er funktioniert, seine grundlegende Struktur, das Momentum und – aus unserer Sicht – die fünf Dimensionen des Marktes. Zweitens und mindestens ebenso wichtig: Das Verständnis der eigenen Persönlichkeitsstruktur und der Wille, sie der Marktstruktur anzupassen.

Frage: *Haben Ihre Schüler Schwierigkeiten, Käufe und Verkäufe vorzunehmen, obwohl sie die Methode verstehen, die Sie ihnen gezeigt haben?*
Bill: Die meisten nicht, denn während unserer Lehrveranstaltungen führen wir tatsächliche Trades durch. Im S&P traden wir sehr aggressiv. Wenn sie einmal drei oder vier Tage bei uns verbracht haben, erzielen sie in der Regel höhere Gewinne als vorher. Das gehört dazu. Aber man kann ganz gut prognostizieren, welche Schüler die größeren Probleme haben werden: Diejenigen, die ein sehr starkes Ego aufweisen.

Ich möchte noch auf etwas zurückkommen, das Sie gesagt haben. Sie haben den Nagel damit auf den Kopf getroffen: Man muß völlig auf seine Handelsmethode vertrauen. Wenn jemand beim Trading voller Furcht, verkrampft und ängstlich ist, würde ich ihm raten, mit dem Trading aufzuhören und sich noch ein wenig weiterzubilden. Man muß den Markt und sich selbst studieren.

Der Markt ist der beste Lehrer der Welt, und ich habe schon oft gesagt, daß Trading die unverfälschteste Psychotherapie der Welt ist, wenn man bedenkt, was man dabei über sich selbst lernen kann. Man hat ja die Wahl. Man kann nach Tibet fahren und dort 30 Jahre lang in einer Höhle sitzen, oder man kann drei bis vier Tage lang den S&P traden. Wenn aber Ihr Marktzugang lautet: »Was kann ich beim Trading über mich selbst lernen?«, dann entwickeln Sie eine völlig andere Sichtweise als jemand, dessen Motto lautet: »Wieviel Geld kann ich mit diesem Trade verdienen?«. Gutes Trading hat viel mehr damit zu tun, loszulassen und im Einklang mit dem Markt zu sein, als damit, den Markt zu bekämpfen oder klüger sein zu wollen als der Markt und die anderen Trader.

Frage: *Sie sprachen von loslassen, aber Ihr System erfordert doch, daß der Trader sehr sorgfältig darauf achtet, was der Markt tut. Es ist eine im voraus geplante Strategie, nicht wahr?*

Bill: Ja, die Strategie ist geplant, aber der Markt sagt einem genau, was man wann tun muß. Wir verwenden zum Beispiel nicht viel Zeit auf die Marktanalyse. Es ist eines unserer Ziele, beim Blick auf einen beliebigen Chart in weniger als zehn Sekunden genau zu wissen, was zu tun ist. Wir fangen also, wenn wir mit dem Fünf-Minuten-Chart traden, mit der Analyse an. Innerhalb von zehn Sekunden ist die Alarmglocke installiert. Wenn der Alarm ertönt, sind unsere Stopp-Kurse schon plaziert. Wenn sich aber die Stopp-Kurse ändern, haben wir die Alarmglocke. Wenn wir auf Fünf-Minuten-Basis den S&P traden, dann traden wir in der Regel noch auf drei bis vier anderen Märkten. Eine Währung, Sojabohnen, Gold, Silber, manchmal auch Anleihen oder dergleichen. Und sogar auf Fünf-Minuten-Basis können wir leicht, sehr leicht sogar, auf vier verschiedenen Märkten traden und sie in Ruhe beobachten.

Frage: *Was muß man beim Day Trading anders machen als zum Beispiel beim Positionstrading?*

Bill: Die meisten empfinden beim Day Trading wesentlich mehr Druck, weil man dabei je Zeiteinheit mehr Entscheidungen treffen muß. Beim Day Trading hat man keine Zeit für Entscheidungen; vor allem dann nicht, wenn man auf zwei oder drei Märkten gleichzeitig agiert. Darum muß man seine Entscheidungen schon im voraus treffen, und die wichtigste Entscheidung ist es, das zu tun, was der Markt einem sagt. Man braucht eine Methode, bei der die Indikatoren völlig eindeutig sind: Wenn der Indikator eintritt, dann muß es ein absolutes Signal zum Kauf oder Verkauf sein. Das System darf nicht unklar sein. Es darf nicht heißen: »Falls« oder »Vielleicht«, sondern: »Wenn dies passiert, dann tue jenes«. Es muß eine absolut eindeutige Sache sein, so daß man seine ganze Aufmerksamkeit dem Markt widmen kann, ohne nachdenken zu müssen.

Day Trading ist alles andere als ein hochintellektueller Vorgang; es ist ganz einfach. Ich bin in der Tat der Ansicht, daß es desto

105

schwieriger ist, dabei Geld zu verdienen, je klüger und intelligenter man ist. Denn je klüger und intelligenter man ist, desto eher neigt man dazu, sich eine eigene Meinung zu bilden. Zum Beispiel die Meinung, daß der S&P jetzt steigen sollte. Und wenn man wirklich intelligent ist, dann wird man alle Indikatoren herausfiltern, die die eigene Meinung bestätigen, und alle eliminieren, die ihr widersprechen. Damit hat man den Königsweg zum Verlust beschritten. Ich dagegen versuche nicht, intellektuell zu sein, nicht brillant, nicht besonders schlau, nur ein gehorsamer Diener des Markts.

Frage: *Das Wichtigste ist wohl, eine Methode zu finden, die zu einem paßt, und sie dann auch anzuwenden.*
Bill: Ja. Man muß von ihr überzeugt sein und auf sie vertrauen.

Frage: *Man muß solange von ihr überzeugt sein, bis sie nachweislich nicht mehr funktioniert.*
Bill: Genau.

Frage: *Haben Sie noch einen abschließenden Rat für hoffnungsvolle Day Trader?*
Bill: Ich würde es langsam angehen lassen und anfangs nur einen Kontrakt traden. Ich bin davon überzeugt, daß Day Trading die Mühe lohnt, die man darauf verwendet. Es macht sehr viel Spaß. Es ist eine Herausforderung. Man wird dabei jeden Tag geprüft, und es ist eine extrem profitable Methode, viel über sich selbst zu lernen.

KAPITEL 7

Robin Mesch

Robin Mesch leitet die technische Anleihen-Analyse bei Thomson Research, einem der weltweit größten eigenständigen Anbieter von Finanzdienstleistungen. Sie ist eine anerkannte Expertin für Drummond-Geometrie. Robin schreibt für den Anleihen-Börsenbrief »Trading Prophets – CBT Bonds« über Trading-Strategien und Analyse der 30jährigen Staatsanleihen. Robin hat an der Brown University den akademischen Grad eines Bachelor of Arts erworben.

Frage: *Wie lange haben Sie dafür gebraucht, eine funktionierende Trading-Strategie zu finden?*
Robin: Das ist ein konstanter Prozeß. Wir entwickeln ständig Trading-Strategien, denn was heute funktioniert, funktioniert in einem Jahr oder in zwei Jahren nicht mehr. Wir haben im Lauf der Jahre eine ganze Reihe von erfolgreichen Strategien entwickeln, und sie alle erfordern Flexibilität. Das Element der Flexibilität hat unsere Trading-Strategie erfolgreich gemacht. Doch um auf Ihre Frage zurückzukommen: Es hat ungefähr zwölf Jahre gedauert.

Frage: *Zwölf Jahre?*
Robin: Ja. Für mich war es ein Entwicklungsprozeß. Jede neue Technik oder Strategie baut auf der vorhergehenden auf, und natürlich gibt es auf dem Weg zum Ziel verschiedene Arten von Erfolg. Jedes Jahr hoffe ich, weiter dazuzulernen.

Frage: *Wie sahen Ihre ersten Erfahrungen aus?*
Robin: Am Anfang war unser größtes Problem, uns für einen bestimmten Zeitrahmen zu entscheiden. Wir dachten einerseits sehr kurzfristig und wollten andererseits den ganz großen Treffer landen. Dann entschieden wir uns für einen langfristigen Zeitrahmen.

Wir haben die Zeitrahmen im Lauf der Zeit mehrmals verändert. Die erste wichtige Erfahrung tritt ein, wenn man sich darüber klar wird, welcher Zeitrahmen am besten zum persönlichen Temperament paßt. Zunächst haben wir daran gearbeitet, den richtigen Zeitpunkt für Kauf und Verkauf zu finden, Widerstands- und Unterstützungszonen ausfindig zu machen und ein System zur Berechnung von Kursniveaus zu entwickeln, die für den Markt wirklich von Bedeutung sind. Das war der Beginn: die Suche nach einem System. Es gibt einige Systeme, die gute Informationen über Kauf- und Verkaufssignale liefern. Wie Sie wissen, verlassen wir uns in erster Linie auf die Drummond-Geometrie und das Marktprofil. Wir haben aber auch Systeme entwickelt, die mit Oszillatoren, dem MACD und Stochastik zu tun haben.

Ich habe dabei viel experimentiert und mit einer Reihe verschiedener Ideen gespielt. Der Kern meines Systems ist aber immer noch die Drummond-Geometrie. Das war mein Ausgangspunkt. Wie Sie aus meinem Interview in *»The Outer Game of Trading«* wissen, war das mein Eintritt in den Markt: Ich studierte die Drummond-Geometrie und vermittelte sie anderen Leuten. Daher ist dies noch immer das System, dem ich vertraue und das ich anwende.

Frage: *Was sind die Elemente des Drummond-Systems?*
Robin: Die Grundidee ist, daß der Markt durch Höchst-, Tiefst- und Schlußkurs die Richtung für den folgenden Tag vorgibt, also die Spanne zwischen Hoch und Tief. Daher verwendet das Drummond-System bezüglich Höchst-, Tiefst- und Schlußkurs verschiedene Berechnungsmethoden, die auf Durchschnitten und Kalkulationen beruhen, um festzustellen, was am folgenden Tag

wahrscheinlich passieren wird. Die Stochastik-Indikatoren hinken zum Beispiel stets ein wenig hinter dem Geschehen her; sie sind immer etwas spät dran. Sie reflektieren das, was schon geschehen ist. Die Drummond-Methode versucht zu prognostizieren, was in Zukunft geschehen wird, indem sie das Konzept der Energierichtung in der Vergangenheit verwendet.

Frage: *Wenn ich Sie richtig verstanden habe, dann setzen Sie sich Kursziele innerhalb solcher Marktschwankungen, und Sie sehen dabei auf das Geschehen von gestern, der vergangenen Woche oder eines anderen Zeitrahmens, den Sie sich gesetzt haben. Sie setzen Ihre Kursziele abhängig von Ihrer Erwartung, wohin der Markt tendieren wird.*
Robin: Ja. Ich würde allerdings hinzufügen: Innerhalb multipler Zeitrahmen.

Frage: *Multipler Zeitrahmen?*
Robin: Ja. Die Verwendung multipler Zeitrahmen ist der Schlüsselbegriff. Viele Trader stellen fest, daß man sich heute nicht mehr auf nur einen einzigen Zeitrahmen beschränken kann.

Frage: *Welche Zeitrahmen meinen Sie damit?*
Robin: Ein Beispiel: Wenn Sie ein Day Trader sind, dann sollten Sie auf die Wochen-, Monats- und Vierteljahres-Charts achten, um zu sehen, wodurch der tägliche Zeitrahmen beeinflußt wird. Die Drummond-Theorie verwendet eine Konvergenz dieser Zielpunkte in verschiedenen Zeiträumen, um festzustellen, ob sich zum Beispiel eine Unterstützungszone auf Tagesbasis wirklich als solche erweisen wird. Wenn man auf Tagesbasis tradet, fließen alle diese Informationen in die Wochen-, Monats- und Vierteljahres-Charts mit ein.

Frage: *Traden Sie zur Zeit viel mit Zeitrahmen, die länger sind als ein Tag?*
Robin: Ja. Das ist zur Zeit mein Arbeitsschwerpunkt.

Frage: *Wie unterteilen Sie theoretisch und praktisch einen Tag in kürzere Zeiträume?*
Robin: Auf Tagesbasis benutzen wir drei verschiedene Zeitrahmen. Nehmen wir einmal an, daß ich kaufen will. Ich wende dazu die umfassende Drummond-Theorie an, über die ich auch einen Börsenbrief herausgebe. Es gibt also ein Kaufniveau auf Tagesbasis,

und wir verwenden dazu drei kürzere Zeitrahmen, um festzustellen, bei welchem Kurs wir einsteigen sollten. Ein Tick oder fünf Ticks? Wird der Markt noch um einige Basispunkte sinken, um dieses Kursniveau zu validieren? Und er sollte es auch wirklich validieren, nicht nur ein wenig verfeinern.

Nach dieser Methode gilt folgendes: Wenn sich ein Unterstützungsbereich auf Tagesbasis als wirksam erwiesen hat, setzen die anderen Zeitrahmen ein und akkumulieren sich. Auf diesem Kursniveau sollte sich der Chart nun horizontal entwickeln. Wir benutzen viele Hilfsmittel zur Ermittlung eines geeigneten Einstiegszeitpunkts. Dabei verwenden wir die kürzeren Zeiträume dazu, unser Maximalrisiko festzulegen.

Frage: *Wie haben Sie diese Methode entwickelt?*
Robin: Nun, es war so: Wir haben das Marktprofil innerhalb einzelner Handelstage untersucht, und es funktionierte wirklich gut. Ich mache immer noch historische Tests von Einstiegszeitpunkten während eines Handelstages. Ich habe wohl schon acht Jahre damit verbracht, diese Dinge am Computer zu studieren. Es gab Zeiten, da hörten wir ganz mit dem Trading auf und konzentrierten uns stundenlang nur auf die Arbeit am Computer. Aber auch wenn man auf eine Methode stößt, die auf dem Papier gut aussieht, erweist sie sich in der Praxis oft nicht als sinnvoll oder gewinnbringend. Wir haben frühzeitig ein System entwickelt, das vielversprechend aussah, aber ich konnte es nicht durchführen, denn ich fühlte mich damit nicht wohl.

Frage: *Interessant. Man muß sich also beim Trading wohlfühlen. Darüber werden wir später noch sprechen.*
Robin: Ja, es ist wichtig. Man kann ein System aus Angst nicht durchführen, weil man nicht daran glaubt oder, wie in meinem Fall, weil man sich damit nicht wohlfühlt.

Frage: *Wenn man nicht daran glaubt, warum sollte man ein System dann verwenden?*
Robin: Richtig. Sogar wenn es funktionierte, dann wäre das Zufall. Es würde Gewinne bringen, aber die Zufälligkeit wäre eine psychische Belastung.

110

Frage: *Ein gutes Gefühl und der Grad des Vertrauens in ein System bestimmen vollkommen die Art, wie man es anwendet.*
Robin: Genau.

Frage: *Was ist der Schlüssel zu einem erfolgreichen System beim Day Trading?*
Robin: Das ist eine sehr gute Frage. Ich würde sie gern kurz und bündig beantworten, aber ich weiß, daß das nicht geht. Natürlich kommt es darauf an, Kauf- und Verkaufszeitpunkte zu finden und ein System zu entwickeln, das gute Unterstützungs- und Widerstandsniveaus identifiziert, ohne zuviel Zeit dafür zu brauchen. So etwas dauert zwei bis höchstens drei Jahre. Dann muß man das System einige Zeit anwenden, um gute Stopp-Kurse zu entwikkeln und herauszufinden, wie das System unter verschiedenen Marktbedingungen funktioniert. Dann geht es noch um das Risikomanagement; eine Sache, die viele Trader erst spät lernen. Wenn sie dann noch Trader sind. Es ist nicht das erste, woran man denkt, und es dauert viele Jahre, bis es einem in Fleisch und Blut übergegangen ist, jeden Tag sein Risikomanagement zu erledigen, ganz egal wie vielversprechend ein Trade aussieht und was man über ihn denkt. Das dauert wahrscheinlich weitere fünf Jahre. Es braucht alles sehr viel Zeit, aber das ist noch nicht der schwierigste Teil.

Vor allem geht es um die Psychologie, die Begeisterung für das Risiko, gemäßigt durch die erforderliche Disziplin, und die Fähigkeit, automatisch zu handeln. Ein schneller Blick und dann sofort der Griff zum Telefon: Das Signal oder das Chartmuster ist da, und man geht den Trade ein. Es ist eine eigene Muskelgruppe, die Trader-Muskeln, die man entwickeln muß, um wirklich erfolgreich zu sein. Diese Art von durchdachter, erlernter Furchtlosigkeit ist nicht leicht zu erwerben.

Frage: *Reden wir noch ein wenig über die Psyche des Traders.*
Robin: Man muß eine Chance nutzen, den Trade eingehen, ihn aufrecht erhalten und darauf vertrauen, daß man ihn unter allen Umständen kontrollieren kann. Diese Fähigkeit erfordert eine eigene Muskelgruppe, die man sich erwerben muß. Das ist auch der Grund, warum manche Trader Black-Box-Systeme anwenden. Sie versuchen, sich vor dem schwierigsten Aspekt des Trading zu drücken: vor der Psychologie.

Es handelt sich um einen vollkommen psychologischen Prozeß. Wenn man seine Analyse und sein System erst einmal in Gang gesetzt hat, dann kann man nicht sagen: »So, jetzt sehen wir uns einmal den Stundenchart an. Sieht er gut aus?« Man muß handeln!

Frage: *Eine automatische Reaktion als Ergebnis aller Vorbereitungen?*
Robin: Ich habe schon mit einigen wirklich guten Tradern gesprochen, und sie haben eigentlich alle das gleiche gesagt. Wenn sie traden, dann unterhalten sie sich nicht, lesen nicht und tun nicht irgendetwas anderes. Sie erledigen nicht nebenbei irgendwelche persönlichen Angelegenheiten, während sie den Markt beobachten. Sie setzen sich auf einen Stuhl und warten, wie beim Angeln. Sie sitzen nur da und warten. Auch wenn der Markt meilenweit von einem Kauf- oder Verkaufssignal entfernt zu sein scheint, muß man jeden Tag auf diesem Stuhl sitzen und nichts anderes tun. Ich habe oft festgestellt, daß man die Hälfte aller Trading-Chancen verpassen kann, weil man einfach nicht da ist und eine günstige Gelegenheit daher nicht nutzen kann. Wenn es also einen guten Rat für einen Day Trader gibt, dann ist es der, sich auf einen Stuhl zu setzen und wirklich auf den Markt zu achten.

Frage: *Das ist es, was Bob Koppel und ich »Totale Konzentration« nennen.*
Robin: Totale Konzentration: 100 Prozent! Man kann dabei nichts anderes tun. Es ist erstaunlich. Eigentlich sieht es ganz einfach aus, aber zum großen Teil ist es auch langweilig, einfach vor dem Bildschirm zu sitzen und etwas zu beobachten. Aber man muß ganz einfach da sein.

Frage: *Richtig. Warum halten es Ihrer Meinung nach so viele Leute für unmöglich, beim Day Trading erfolgreich zu sein?*
Robin: Weil es sehr schwer ist! Es ist immer so, wenn jemand in einer bestimmten Sache wirklich gut ist: Für jemanden, der nicht so gut ist, scheint es unmöglich. Wir wissen, daß es eine Menge von wirklich guten Tradern gibt. Also ist es nicht unmöglich; es ist nur sehr, sehr schwer!

Es ist lustig: Meine Partnerin ist Computerspezialistin. Sie ist brillant und sie erfaßt Situationen sehr schnell. Sie brauchte lange, um das zu lernen. Sie kam über das Programmieren zum Trading, und nun arbeiten wir zusammen. Ich finde es immer ermutigend, wenn sie sich zu mir umdreht und sagt: »Das ist wirklich schwer!«

112

Frage: *Genau. Emotionen und Psychologie machen die Sache so schwierig.*
Robin: Das ist der wichtigste Aspekt des Trading.

Frage: *Da wir gerade von Emotionen reden: Wie gehen Sie mit Verlusten um?*
Robin: Wir begrenzen sie auf kleine Beträge. Wir sind schließlich Day Trader. Wir halten sie so klein, daß sie uns nicht entmutigen, wenn sie eintreten. Wir können immer wieder Trades eingehen. Im Durchschnitt beträgt unsere Toleranzgrenze für Verluste beim Day Trading 300 Dollar pro Kontrakt. Wenn man seine Verluste klein hält, kann man immer wieder in den Markt einsteigen. Und man behält die richtige psychologische Einstellung.

Frage: *Haben Sie schon einmal einen wirklich großen Verlust erlitten?*
Robin: Oh, ja!

Frage: *Wie kam es dazu?*
Robin: Bevor ich auf eigene Rechnung tradete, arbeitete ich für eine Firma, und ich ließ meine Verluste einfach laufen.

Frage: *Das ist bestimmt noch nie jemand anderem passiert!*
Robin: Ich habe das Gegenteil der alten Trading-Regel getan.

Frage: *Was meinen Sie damit?*
Robin: Ich begrenzte meine Gewinne und ließ die Verluste anschwellen. Ich tradete den S&P. Dann kam die Fed ins Spiel, erhöhte die Leitzinsen, senkte sie oder tat jedenfalls etwas ähnliches, und ich wurde auf dem falschen Fuß erwischt. Es ging so schnell! Ich ging nur eine Tasse Tee trinken und stellte dann fest, daß ich plötzlich große Probleme hatte. Ich hatte damals dieses Bergkönigs-Syndrom, wissen Sie: Ich bin so gut, und nichts kann mir etwas anhaben.

Frage: *Wie ich weiß, haben Sie »The Innergame of Trading« gelesen, wo wir über euphorisches Trading geschrieben haben.*
Robin: Ja. Ich habe in Ihrem Buch von dem Trader gelesen, der sagte, das Gefühl sei so, als folge man einer simplen inneren Handlungsanweisung: Krieche die Treppe hinauf, steige auf den Fenstersims und springe auf den Beton 33 Stockwerke weiter unten.

Frage: *Es läuft alles auf das gleiche hinaus: Man hält sich für unverwundbar.*

Robin: Ja, es gibt viele Herausforderungen, die man beim Day Trading meistern muß. Man muß die Dinge einzeln betrachten. Das ist ein guter Anfang: Die Dinge einzeln betrachten, um genau zu wissen, wie man denken und handeln muß.

Frage: *Sie werden meiner vorherigen Frage aber nicht entgehen. Was geschah also als nächstes?*

Robin: Zuerst versuchte ich Leute zu finden, die an diesem Tag ebenfalls Geld verloren hatten.

Frage: *Unglück ist nicht gern allein.*

Robin: Ich fand einige, und wir fingen an, im Zimmer herumzugehen. Bemerkenswert ist dabei, daß wir unsere Trades noch immer nicht glattgestellt hatten. Also führte ich pausenlos Selbstgespräche, bis ich dann tat, was in einer solchen Situation eben passiert: Man kauft am Kurshoch und ist aus dem Markt. Hoffentlich hat man den Markt für eine wichtige Lektion bezahlt!

Frage: *Die Leser werden sicher Trost darin finden, wenn sie feststellen, daß auch erfolgreiche Trader solche Erfahrungen gemacht haben.*

Robin: So läuft es eben meistens: Wenn man es nicht mehr aushält, steigt man genau am Tageshöchstkurs des S&P aus.

Frage: *Wie kamen Sie nach dieser Erfahrung zu Ihrem nächsten Trade?*

Robin: Früher brauchte ich lange, um wieder in die Gänge zu kommen, weil die Verluste auch so hoch waren. Die Leute, mit denen ich arbeitete, sagten: »Oh! ich verliere heute eine Million Dollar. Drei Millionen Dollar.«

Sie waren abgebrüht, routiniert, und deshalb gab ich damals viel auf ihr Urteil. Für mich war es damals ziemlich neu, es mit so großen Summen zu tun zu haben. Ich brauchte Monate um mich davon zu erholen. Das ist kein Scherz. Ich war damals an einem Punkt, an dem ich selbst nicht darüber nachdachte, Trades zu früh glattzustellen, meine Stopp-Kurse zu eng zu setzen und dergleichen.

Frage: *Und wie sieht es jetzt aus?*
Robin: Ich habe festgestellt, daß man, speziell in dieser Art von Markt, als Day Trader nicht dem ganz großen Coup nachjagen darf. Das ist nicht die richtige Einstellung. Sie ist falsch, falsch und nochmals falsch. Man sollte die Einstellung haben, daß man sich jeden Tag seinen Lebensunterhalt verdienen will. Das ist das Wichtigste beim Trading. Es gibt jeden Tag gute Chancen, und man muß nicht auf den ganz großen Treffer lauern. Ich bin damit zufrieden, jeden Tag Geld zu verdienen und ein Risikoniveau aufrechtzuerhalten, mit dem ich mich wohlfühle.

Frage: *Wie gehen Sie mit Gewinnen um?*
Robin: Sie stellen aber auch immer so schwere Fragen! Ich arbeite daran, meine Gewinne stets zu maximieren; abgemildert dadurch, daß ich nicht auf den ganz großen Coup aus bin. Wie geht man mit Gewinnen um? Diese Frage ist für einen Swing- oder einen Positionstrader von größerer Bedeutung als für mich. Wenn ein Day Trader rechtzeitig eingestiegen ist, dann weiß er, daß der Markt ihm sagen wird, ob er recht hat. Das geschieht sehr schnell, und wenn er recht hat, sollte der Trader die Position halten. Wenn sich ein Markt schnell in die gewünschte Richtung bewegt, ist es die beste Strategie, sofort die Stopp-Kurse nachzuziehen. Nach meiner Erfahrung laufen die wirklich bedeutenden Kursbewegungen sehr schnell ab, und darum gehe ich auf diese Weise damit um. Wir ziehen unsere Stopp-Kurse nach und warten, bis wir ausgestoppt werden oder der Markt unser Kursziel erreicht.

Frage: *Was denken Sie über das Geld, das Ihnen durch einen verfrühten Ausstieg entgeht?*
Robin: Das kann einen wirklich umbringen! Gestern sind wir fünf Ticks über dem Tagestief des S&P eingestiegen, und wir wußten, daß er steigen würde. Wir stiegen ein, folgten der Marktbewegung und stellten zu früh glatt. Wir haben ein wenig Geld verdient, aber wir sind unserem Plan nicht treu geblieben.

Frage: *Sie haben die Konzentration verloren.*
Robin: Und was ist mit Ihnen? Wie gehen Sie mit so etwas um?

Frage: *Ich muß ständig damit umgehen, weil ich eine Trading-Kombination anwende. Ich mache viel Day Trading, aber ich habe auch Programme für Swing oder längerfristiges Trading. Manchmal ist es schwierig, sich mehrere Hüte gleichzeitig aufzusetzen.*

Beim Day Trading ist es meiner Meinung nach fast Pflicht, niemals den Zeitrahmen zu ändern, innerhalb dessen man agiert, denn wenn man etwas anderes tut, ist es das Schlechteste, was man überhaupt tun kann. Wenn wir einen Punkt identifiziert haben, der sich sowohl für einen Day Trade als auch für einen Swing Trade eignen könnte, dann steigen wir natürlich mit mehreren Kontrakten ein, und wir reduzieren den Einsatz, wenn sich der Markt entwickelt. Was den Swing Trade betrifft: Wenn wir einen schönen, starken Schlußkurs bekommen, der unseren Erwartungen entspricht, dann halten wir die Position über Nacht und lassen uns vom Markt sagen, was wir als nächstes tun sollen. Es ist sehr schwer, gleichzeitig mit mehreren Zeitrahmen zu arbeiten. Man muß sehr diszipliniert sein und braucht Programme, die so definiert sind, daß man sich keine Sorgen darüber machen muß, die Zeitrahmen durcheinander zu bringen. Vielen Leuten schadet es meiner Meinung nach, wenn sie beim Day Trading über alle diese anderen Dinge nachdenken, anstatt sich auf ihren Day Trade zu konzentrieren.

Robin: Das stimmt. Und deshalb sind entgangene Gewinne für einen Day Trader auch nicht so wichtig, denn er ist nicht auf den ganz großen Coup aus.

Frage: *Wodurch unterscheidet sich Ihrer Ansicht nach längerfristiges Trading vom Day Trading?*

Robin: Positionstrader müssen viel Geld haben. Sie müssen ein sehr gutes, richtungweisendes System haben. Es ist eine Hilfe, wenn ihr System direktional ist, seine Stärke also darin besteht, die Marktrichtung zu prognostizieren, anstatt die Marktposition zu lokalisieren. Mein System ist anders, und es ist viel stärker auf die Lokalisierung von Kursen und Trades ausgerichtet. Natürlich arbeiten wir auch an der Prognose der Markttendenzen, aber die Lokalisierung ist unser wichtigstes Thema.

Positionstrader müssen sich über Quartals- und Jahres-Zeitrahmen Gedanken machen. Alles andere sind für sie nur Nebengeräusche. Also müssen Positionstrader in größeren Zusammenhängen denken und sich eine Meinung über die Großwetterlage des Marktes bilden. Aber auch der Day Trader muß den Chart kennen.

Wir haben keine Short-Verkäufe des S&P vorgenommen, obwohl man damit viel Geld hätte verdienen können. Wir haben dieses Thema nicht angerührt. Warum? Weil man auf der Käuferseite leichter Geld verdienen kann. Auf der Verkäuferseite ist es viel schwieriger. In der Vergangenheit mußte man doppelt so hart arbeiten, um im S&P auf der Verkäuferseite richtig zu liegen wie auf der Käuferseite. Das ist übrigens eine gute Definition für einen Bullenmarkt. Ich will mit alledem sagen: Man muß wissen, was auf dem Markt vorgeht, und wie der allgemeine Kontext eines Trades aussieht.

Frage: *Welche Empfehlung würden Sie jemandem geben, dem der Prozeß des Day Trading Probleme bereitet?*
Robin: Man muß sich wirklich dazu zwingen, den Trade einzugehen. Es gibt eine Zeit, da handelt man sozusagen nur auf dem Papier. Manche nennen es so, aber es geht darum, den Markt zu beobachten und Selbstvertrauen zu erwerben. Einen Trade zu managen ist allerdings eine Kunst, die man nur lernen kann, indem man tatsächlich einen Trade eingeht. So erwirbt man die Fähigkeit, einen schlechten Trade zu managen, und die braucht man auch, wenn man ein guter Trader werden will. Es geht dabei nicht nur um Stopp-Kurse, denn wir gehen oft schon aus dem Markt, bevor unser Stopp-Kurs erreicht wird. Schon bevor man den Trade eingeht muß man wissen, was passieren muß. Man muß immer wissen, welche Bewegung als nächste einsetzen muß, auch wenn der Trade nicht gut lokalisiert ist, oder wenn man den Markteintritt nicht so diszipliniert vollzogen hat wie üblich. Das ist die Kontrollphase des Trade-Managements. Man muß, kurz gesagt, ein Set von Regeln zur Verfügung haben, wie sich der Markt verhalten sollte, nachdem man eingestiegen ist.

Manche Trader lassen diesen Schritt aus. Sie steigen ein. Sie plazieren einen Stopp-Kurs. Sie wissen, wann sie aussteigen wollen, aber sie konzentrieren sich nicht darauf, ihren Trade zu managen.

Frage: *Sie werden passiv?*
Robin: Ja, das ist richtig. Man will sich nicht zu sehr mit dem Trade befassen. Man braucht aber eine bestimmte Zeitperspektive und gewisse Zielpunkte. Wenn ich recht habe, dann sollte dies oder jenes passieren. Wenn es nicht geschieht, muß ich meine Entscheidung noch einmal überprüfen und höchstwahrscheinlich aussteigen.

Frage: *Das klingt so, als stellten Sie Kriterien für das Verhalten des Marktes auf. Wenn er sich nicht daran hält und Sie enttäuscht, steigen Sie aus.*
Robin: Genau.

Frage: *Mit einem kleinen Gewinn oder was auch immer.*
Robin: Ja, oder mit einem kleinen Kratzer. Es ist psychologisch wichtig, daß man sich beim Ausstieg nicht so fühlt, als mache man sich einfach davon.

Frage: *Genau. Diese Meinung wird sicher von vielen geteilt.*
Robin: Da bin ich mir ganz sicher. Und ich möchte noch etwas hinzufügen: Man muß einen guten Lehrmeister finden. Man muß von jemandem lernen, der aufrichtig ist und einem etwas beibringen kann. Es ist also wichtig, sich jemanden zu suchen, der traden kann und damit Erfolg gehabt hat.

Außerdem: Die Intensität der Beschäftigung mit dem Trading ist sehr wichtig. Je mehr man sich in die Märkte vertieft, desto besser wird man verstehen, wie sie funktionieren. Das erfordert Ausdauer und Hingabe.

Frage: *Wir verlassen unsere Leser also mit der Botschaft, daß Eifer, harte Arbeit und Konzentration ihnen weiterhelfen werden?*
Robin: Absolut. Das wird ihnen den entscheidenden Vorteil liefern. Leider haben die meisten Leute nicht genügend Durchhaltevermögen, um die ganze Strecke durchzustehen.

Frage: *Richtig. Wenn man ein Top-Trader werden will, muß man sich darauf vorbereiten wie auf einen Langstreckenlauf. Als Marathon-Mann oder Marathon-Frau!*
Robin: Man darf die Konzentration nicht verlieren. Ja, man muß ein wenig intelligent dazu sein, aber man muß es tun.

Frage: *Wir wissen, daß wir es mit intelligenten Leuten zu tun haben. Die meisten Leute in unserem Metier sind intelligent und haben aus klugen Gründen mit dem Trading angefangen. Erst die Performance trennt die Spreu vom Weizen.*

TEIL IV

Die Top-Trader

KAPITEL 8

David Silverman

David Silverman ist langjähriges Mitglied der Chicago Mercantile Exchange, wo er aktiver Parkett-Trader im Devisenhandel war. Derzeit sitzt er im Aufsichtsrat der Chicago Mercantile Exchange und ist Teilhaber von M & S Trading, einer Beratungsfirma für den Warenterminhandel. David hat an der Universität von Chicago den Titel eines Bachelor of Arts in Geschichte mit Auszeichnung erworben.

Frage: *Wie lange haben Sie gebraucht, um eine funktionierende Trading-Methode zu entwickeln?*
David: Ich begann mit dem Trading, als ich 22 Jahre alt war, und ich brauchte mindestens zwei, wahrscheinlich sogar drei Jahre, bis ich einigen Erfolg hatte. Einer der Gründe, warum es so lange dauerte, war, daß ich ein Neuling in diesem Geschäft und entsprechend unsicher war, wie ich beim Trading ganz allgemein vorgehen sollte. Alle diese kleinen praktischen Dinge, an die man nicht einmal denkt, bevor man an sie denken muß. Als das erste Lehrjahr

vorbei war, dauerte es noch ein Jahr oder anderthalb Jahre, bis ich mich ständig mit Trading beschäftigte.

Frage: *Wie würden Sie diese frühen Jahre charakterisieren?*
David: Ich las damals wirklich jedes einzelne Buch, das jemals zum Thema Trading geschrieben worden war. Ich experimentierte mit allen möglichen Ideen und Systemen. Es gab damals noch keine echten Computersysteme, aber ich testete alle Systeme, die sogenannte Marktgurus empfahlen. Ich gab einiges Geld aus, und ich hatte damals nicht viel, um Empfehlungen zu folgen, weil ich dachte, das sei der einfachste Weg zum Erfolg als Trader. Aber ich lernte wirklich schnell und verlor eine Menge Geld dabei. Schließlich begriff ich, daß ich meine eigene Marktnische finden mußte, und ich beschloß, auf eigene Faust zu handeln.

Ich erinnere mich noch an ein System, und ich überzeugte einen Freund davon, mit mir nach diesem System zu traden. Wir taten es eine Weile, und beide verloren wir so viel Geld damit! Es war lächerlich! Noch heute zieht er mich damit auf.

Ich glaube, es hieß »Stockungsphasen-System«. Jahre später, als ich gelernt hatte, selbst zu programmieren und mehr Erfahrung gesammelt hatte, verstand ich, daß es teilweise durchaus sinnvoll war. Aber – und das ist der Punkt – nicht für mich! Man mußte auf 30 bis 40 verschiedene Chartmuster achten. Es ging dabei um Tages-Schlußstände, und wenn sie drei Tage hintereinander angestiegen waren, sollte man zum Handelsschluß leer verkaufen. Jedes Chartmuster war genau aufgezeichnet. Und mir passierte das Schlimmste: Mein erster Trade mit diesem System war erfolgreich! Ich gewann über Nacht 60 Basispunkte mit der Deutschen Mark. Also sagte ich mir: »Das ist es. Ich bin 23 Jahre alt, und in sechs Monaten werde ich Millionär sein.« Ich hatte es so geplant, daß ich mich nach einer Weile zur Ruhe setzen würde. Das Problem war nur, daß ich mit dem Stockungsphasen-System nie wieder einen Gewinn machte, wenn ich mich recht erinnere.

Frage: *Warum funktionierte es nicht?*
David: Ein Teil des Problems war, daß ich nicht wirklich verstand, worum es bei diesem System eigentlich ging. Und rückblickend muß ich sagen, daß tatsächlich Sinn dahintersteckte. Man kann manchmal Geld verdienen, wenn der Markt sich abschwächt, und darum ging es bei diesem System. Das Entschei-

dende war aber, daß das System nicht zu mir paßte. Ich war finanziell nicht in der Lage, so große Positionen einzugehen, wie ich es tat, und wie man es nach diesem System auch tun mußte. Und ich kam auch zu der Erkenntnis – wobei es gut war, daß das so früh geschah –, daß man nur Mißerfolge erzielt, wenn man nicht die nötige Qualifikation hat und nicht versteht, was man da eigentlich tut. Manchmal ist es natürlich bequem, wenn man sich nach jemandem richtet, von dem man meint, er sei erfolgreicher oder klüger als man selbst. Aber im allgemeinen bin ich gegen diese Black-Box-Systeme und ihre kritiklose Akzeptanz ohne gründliche und rigorose Analyse ihrer Funktionsweise. Im Zeitalter leistungsfähiger Computer kann jeder ganz einfach solche Tests durchführen. Es gibt keine Entschuldigung, wenn man es unterläßt. Und natürlich kann man nur so herausfinden, ob ein System zuverlässig ist. Wenn man es nicht tut, sucht man den einfachen Weg zum Erfolg, und den gibt es nicht. Ich habe lange gebraucht, um zu dieser Überzeugung zu kommen!

Frage: *Es erfordert also harte Arbeit.*

David: Es bedeutet harte Arbeit, und das hört niemals auf! Ich sage das, weil (1) die Märkte sich ständig verändern, und weil es (2) Erfolgsregeln für langfristiges Trading gibt, die auf Tagesbasis, also für das Day Trading, nicht unbedingt relevant sind. Für das Day Trading sind einige traditionelle Sichtweisen des Marktes nicht notwendigerweise hilfreich, und das muß man zur Kenntnis nehmen. Es gibt Zeiten niedriger Volatilität. Ein System, das auf der Long-Seite gut funktioniert, versagt vielleicht aus bestimmten Gründen auf der Short-Seite, und dann läuft es plötzlich umgekehrt. Damit stellt sich die Frage, wie gut ein System auf lange Sicht ist. Als Day Trader muß man jedoch wissen, daß die Märkte sich regelmäßig verändern. Man muß sehr anpassungsfähig sein; viel anpassungsbereiter als ein Langfrist-Trader.

Frage: *Dem stimme ich ohne weiteres zu. Sie haben ein System beschrieben, das Sie und Ihr Freund schließlich aufgegeben haben. Gibt es noch andere?*

David: Ich habe im Lauf der Zeit einige Systeme gekauft, aber ich habe nicht viel Geld dafür aufgewendet. Es war eher eine Zeitverschwendung. Es war die Suche nach einer einfachen Lösung, statt für mich selbst herauszufinden, wie ich Erfolg haben kann.

123

Frage: *Haben Sie früher selbst Systeme für sich entwickelt, die dann nicht funktionierten, und, wenn ja, warum funktionierten sie nicht?*

David: Ich habe mit Hilfe von »Trade Station« von Omega Research einige Systeme entwickelt, aber bis heute habe ich nichts Besseres gefunden als meine eigene Intuition, was den Markt betrifft.

Ich möchte noch etwas zu den Problemen sagen, die damit zu tun haben, daß man manchmal nicht die besten Kurse bekommt. Wenn man auf dem Parkett agiert, ist das kein Problem, aber wenn man von außerhalb handelt, merkt man, was für ein wichtiges Thema das ist. Ich halte es für sehr wichtig, in jedem Marktsegment nur mit den besten Brokern zu arbeiten. Nur mit Leuten, die wirklich wissen, was sie tun, die gute Verbindungen haben und wirklich die besten Kurse bekommen. Ich will nur geschickte und gut positionierte Broker, und trotzdem habe ich manchmal das besagte Problem. Um auf Ihre Frage zurückzukommen: Ich habe die Erfahrung gemacht, daß einige Systeme, die ich entwickelt habe, vor allem aus dem eben erwähnten Grund bei weitem nicht so profitabel waren wie erwartet, als der Computer schließlich die Zahlen ausspuckte. Und ehrlich gesagt bin ich auch der Meinung, daß es nicht viele wirklich gute Systeme gibt.

Der Markt ist extrem effizient, und für einen Day Trader ist es sehr schwer, dauerhaft zuverlässige Systeme zu finden. Für einen Langfrist-Trader gibt es nach meiner Überzeugung viele gute Systeme, die er finden oder sogar kaufen kann. Ich will die Arbeit von Langfrist-Tradern damit nicht schlechtreden, aber im allgemeinen ist es viel leichter, einem Trend zu folgen als ein Day-Trading-System zu entwickeln, das dauerhaften Erfolg bringt. Es ist so wie beim Football: Man sagt, ein Laufspiel sei besser als ein Paßspiel. Wenn man paßt, können drei Dinge geschehen, von denen zwei negativ sind. Wenn man läuft, gibt es nur eine negative und eine positive Möglichkeit. So ist es wohl auch: Je mehr Entscheidungen man treffen muß, desto größer wird das Risiko. Und dann bekommt man oft nicht die besten Kurse; je öfter, desto schlechter für das System. Darum meine ich, daß man in Trendmärkten Systeme sehr wirkungsvoll einsetzen kann, die sich beim Day Trading als ineffektiv erweisen.

Frage: *Sie kennen meine Ansicht, daß jede Methode, die wir anwenden, um am Markt erfolgreich zu sein, für uns zu einem System wird. Es muß kein mechanisches Gerät sein. Sie sagten zuvor, sie seien ein intuitiver Trader. Welche Hilfsmittel wenden Sie an, um beim Day Trading Entscheidungen zu treffen?*

David: Ich wage zu sagen, daß meine Hilfsmittel sich wahrscheinlich stark von den Indikatoren unterscheiden, die von Leuten außerhalb des Börsenparketts zum Day Trading benutzt werden. Es ist eine unbezahlbare Erfahrung, 13 Jahre lang auf dem Parkett agiert zu haben. Die Intuition, die man entwickelt, nicht nur in Bezug auf das Marktgeschehen, sondern auch auf die Körpersprache der Leute, die einen umgeben, auf den Lärmpegel, auf den Grad der Hysterie oder auf ihr Fehlen ist unglaublich wertvoll, wenn man von außerhalb des Börsenparketts handelt. Auch wenn ich nie wieder auf das Parkett zurückkäme, stünde ich für immer unter dem Einfluß dieser Stimuli, und sie geben mir ein Gespür für den Markt.

Ich will das präziser ausdrücken: Zur Zeit handle ich auf den Devisenmärkten. Ich höre, daß auf dem Parkett ein Händler genau neben der Handelsbox steht. Am Telefon höre ich die Kurse, den Lärmpegel, und das finde ich unbezahlbar. Manchmal fühle ich mich sozusagen nackt, wenn ich so etwas wie Sojabohnen trade, denn für diesen Markt habe ich kein so gutes Gespür. Die Leute auf dem Parkett kennen mich nicht, und sie »erzählen« mir nur, was gerade los ist. Ich kann ihnen nur einen Auftrag erteilen, und das war es auch schon. Auf den Devisenmärkten, die ich in- und auswendig kenne, spüre ich so etwas wie eine physische Verbindung, sei es über das Gehör oder über das Gefühl, wie es ist, auf dem Parkett zu sein. Es ist schon vorgeschlagen worden, Kameras über den Händlerboxen an der Börse zu installieren und das Geschehen via Satellit zu übertragen, so daß die Leute tatsächlich das Gefühl haben, an der Börse präsent zu sein. Dieses Gefühl ist für mich äußerst wichtig.

Es ist auch ein zentraler Bestandteil meiner Intuition. Dieses Gefühl ermöglicht es mir, beim Day Trading erfolgreich zu sein. Viele Trader folgen dem, was sie als einen Trend definieren. Ich allerdings versuche meist die Preisbereiche zu finden, in denen eine Trendumkehr stattfindet.

Ich versuche herauszufinden, wo der nächste Umschwung eintreten könnte. Man kann das selbst dann tun, wenn man gegen den kurzfristigen Trend agiert. Ich denke darüber nach, wann der Markt sich drehen und um 50 Prozent zurückkommen könnte. Er ist zum Beispiel gerade um 100 Punkte gesunken, und vielleicht ist er nun bereit, wieder 40 oder 50 Punkte aufzuholen. Nach einer langen und gleichförmigen Bewegung werde ich wirklich nervös. Viel weniger nervös macht es mich, wenn ich zu einem Zeitpunkt einsteige, an dem der Trend drehen könnte. Solche Trades waren immer meine besten. Die bei weitem erfolgreichsten Tage waren die, an denen es mir gelungen ist, herauszufinden, wann ein Markt an Momentum verliert und dann in die entgegengesetzte Richtung läuft. Natürlich bin ich dabei auch schon böse überfahren worden, aber ich halte meine Einsätze klein genug, um keinen wirklichen Schaden zu erleiden, falls ich falsch liege. Nicht einmal im schlimmstmöglichen Fall. Nach 13 Jahren kann ich sagen: Ich habe noch nie mit einem einzelnen Trade soviel verloren, daß ich am nächsten Tag nicht zurückkommen konnte.

Frage: *Was sind Ihrer Meinung nach die wichtigsten Voraussetzungen für erfolgreiches Day Trading?*
David: Auch wenn man nach Bewegungen innerhalb eines Trends sucht, muß man wissen, wo die bedeutenden Widerstands- und Unterstützungszonen liegen. Das halte ich für sehr wichtig. Ich bin in erster Linie technisch orientiert. Ich kenne alle wichtigen Widerstände und Unterstützungen in den Märkten, wo ich agiere. Auch wenn ich im Bereich zwischen diesen Punkten sehr aktiv trade, bieten sich die besten Chancen dann, wenn ein Markt an einen solchen Extrempunkt kommt. Darum ist es enorm wichtig, die bedeutenden Widerstands- und Unterstützungszonen zu kennen. Außerdem muß man die Umsätze und das Volumen der offenen Trades beachten, obwohl das traditionell eher dem Vorgehen bei Langfrist-Trades zugeordnet wird. Auch die Volatilität ist wichtig. Sie vermittelt einem ein Gefühl dafür, wer im Markt agiert, und was dort wirklich vor sich geht.

Selbstverständlich ist es äußerst wichtig, sehr konservatives Geldmanagement zu betreiben. Als ich in den vergangenen Jahren versuchte, Trading-Systeme zu entwickeln, habe ich festgestellt, daß Geldmanagement das entscheidende Element beim Day Trading ist. Man könnte ein System entwickeln, das so lautet: »Kaufe, wenn es regnet, und verkaufe, wenn es zu regnen aufhört.« Und wissen Sie was? Sie würden mit diesem System wahrscheinlich Geld verdienen, wenn sie gutes Geldmanagement betreiben. Diese Empfehlung war aber nicht ernst gemeint. Es spielt fast keine Rolle, welche Idee hinter einem System steckt. Man muß allerdings sicherstellen, daß die Einsätze in einem vernünftigen Verhältnis zum Gesamtvermögen und zu den erhofften Gewinnen stehen. Ich habe viele Systeme getestet und bin zu der Überzeugung gekommen, daß das System nicht annähernd so wichtig ist wie die Prinzipien des Geldmanagements. Wie überzeugt man von einem Trade auch sein mag, man darf niemals die Pleite riskieren, wenn er schiefgeht.

Es klingt vielleicht extrem, aber ich kenne viele Leute – und Sie sicherlich auch –, die genau dieses Risiko eingegangen sind. Plötzlich hatten sie eine Position von 300 Kontrakten, und als nächstes mußten sie ihre Börsenmitgliedschaft verkaufen oder steckten jedenfalls in großen Schwierigkeiten. Wenn ich in den letzten 13 Jahren etwas mit Erfolg getan habe, dann war es die Vermeidung solcher Situationen durch intelligentes Geldmanagement. Ich sollte hinzufügen, daß ich oft kopfschüttelnd nach Hause gegangen bin und darüber nachgedacht habe, wieviel mehr ich hätte verdienen können, wenn ich ein größeres Risiko eingegangen wäre. Ich erinnere mich noch gut an einen Trade in der Deutschen Mark vor einigen Jahren. Es war kurz vor Börsenschluß, als eine Order für die Option mit der dritt- oder viertkürzesten Laufzeit hereinkam. Sie lautete auf 1100 Kontrakte zum Schlußkurs, und der Spread verschob sich dadurch um 50 Basispunkte. Ich wußte intuitiv, daß dies eine Chance war, 700 000 Dollar zu verdienen. Ich brachte es jedoch nicht über mich, einen Trade mit allen 1100 Kontrakten einzugehen. Ich kaufte 100 Kontrakte und gewann 50 Punkte pro Kontrakt. Es war ein sagenhafter Trade, aber ich raufte mir auf dem Heimweg die Haare. Trotzdem hatte ich richtig gehandelt. Man muß seiner Methode treu bleiben und darf keine Ausnahme machen! Man kann sich nicht sagen: »Ich bin nicht der Typ, der 1100 Kontrakte handelt. Ich handle nicht mehr als 100. Aber das ist ein derart guter Trade, daß ich ihn mir nicht entgehen lassen darf!« Vielleicht gab es ja einen guten Grund dafür, daß sich der Spread in der Deutschen Mark um 50 Basispunkte verschoben hatte. Dann wäre ich am nächsten Tag zur Börse gegangen, und es wären womöglich 100 oder 200 Basispunkte gewesen. Es ist wichtig, daß man einer erfolgreichen Methode treu bleibt. Trotzdem denke ich auch heute noch oft an diesen einen Trade!

Frage: *Es hört sich auch so an, als ginge Ihnen diese Sache nicht aus dem Kopf!*

David: Dieser eine Trade war nun einmal der herausragende unter all den Trades in vielen Jahren. Ich bin aber ernsthaft davon überzeugt, daß es sehr wichtig ist, einen Plan zu haben, bei seiner Umsetzung konsistent zu sein und keine Ausnahmen zuzulassen. Solche Ausnahmen können einen die Existenz kosten!

Worüber ich noch reden möchte ist der Umgang mit Verlusten. Man muß lernen zu verlieren. Man muß verstehen, daß der Prozentsatz der gewinnbringenden Trades vielleicht sehr gering ist, wenn man so viele Trades eingeht. Der Prozentsatz der profitablen Geschäfte ist viel geringer als bei einem Langfrist-Trader. Ich denke, man könnte ein System mit einem sehr großzügigen Stop entwickeln, das eine Gewinnwahrscheinlichkeit von fast 100 Prozent aufweist. Aber Day Trader können nicht so vorgehen. Beim Day Trading muß man sich damit abfinden, daß man oft falsch liegen wird. Das macht das Day Trading so schwierig! Und diese Lektion hat mein Day Trading geprägt. Als ich zur Schule ging, hatte ich lauter Einser im Zeugnis. In der Grundschule, auf der High School und auf dem College wird Erfolg auf diese Weise definiert. Ich war immer der Klassenbeste. Dann kam ich an die Börse und lernte schnell, daß an einem guten Tag vielleicht fünf von zehn Trades Verluste brachten. Zunächst fühlte ich mich wie ein kompletter Versager, aber das war ein Teil meines Reifungsprozesses. Ich mußte lernen, daß man sehr erfolgreich sein kann, wenn man weiß, wie man verliert und weitermacht. Verluste gehören einfach dazu.

Frage: *Sie sind seit vielen Jahren ein sehr erfolgreicher Day Trader. Ich kenne auch noch andere Leute, die beim Day Trading ständig gute Erfolge erzielen. Warum gibt es dann so viele, die denken, Day Trading sei unmöglich und letzten Endes ein sinnloses Unterfangen?*

David: Es hat teilweise damit zu tun, daß die meisten Leute faul sind. Sie haben eine unrealistische Vorstellung vom Futures-Handel. Sie halten ihn für simpel, weil man bei jedem Kauf mit einer Wahrscheinlichkeit von 50 Prozent richtig liegt: Der Markt geht ja entweder nach oben oder nach unten. Wenn Sie in die Intensivstation eines Krankenhauses gehen und eine Gehirnoperation an einem Patienten vornehmen, der eine Kugel im Kopf hat, hätten Sie eine Erfolgschance von 0 Prozent! Das würde doch jeder von uns zugeben. Wir wüßten nicht einmal, womit wir anfangen sollten. Aber ein Trading-Anfänger eröffnet mit ein paar tausend Dollar ein Konto und hält sich für ungeheuer talentiert, Geld zu verdienen, denn es ist ja so einfach. Sie und ich wissen aber, daß es nicht so einfach ist, selbst wenn man ein System findet, das zu 60, 70 oder 90 Prozent effektiv ist. Wir reden ja nicht nur über Zahlen, die ein Computer ausspuckt. Das schwächste Glied in jedem Trading-System ist der Trader selbst. Es ist extrem schwierig, mit Trading Geld zu verdienen, und jeder, der sich darauf einläßt, sollte sich dieser Tatsache bewußt sein. Man darf sich nicht der Täuschung hingeben, Trading könne man in der Freizeit betreiben, ohne großen finanziellen oder psychischen Aufwand. Es ist wirklich einer der härtesten Berufe, die man sich vorstellen kann. Jeder erfolgreiche Trader, den ich kenne, arbeitet sehr hart. Es erfordert harte Arbeit und Disziplin. Der Erfolg fällt einem nicht in den Schoß.

Frage: *Viele Leute suchen nach Systemen und anderen Dingen, von denen sie sich Erfolg versprechen. Für wie wichtig halten Sie die Psychologie beim kurzfristigen Trading?*
David: Eine positive psychische Einstellung ist entscheidend; vor allem beim Day Trading, weil man dabei so viele Trades eingeht. Immer, wenn man einen Trade startet, geht ein kleines Stück von einem selbst verloren. Wie ich schon erwähnt habe, muß man lernen, Verluste hinzunehmen. Vielleicht erleidet man mehrere Verluste hintereinander. Dann darf man trotzdem nicht das Gefühl haben, ein schlechter, inkompetenter Trader zu sein. Noch einmal: Erfolg beim Trading hat man nur, wenn man ein gewisses Vertrauen in sein Trading-Programm hat, ganz egal, ob es nun mechanisch oder intuitiv ist, und wenn man intelligentes Geldmanagement betreibt. Wenn man nun nach einer gewissen Zeit herausfindet, daß das Programm nicht gut ist und verändert werden sollte, muß man es eben verändern. Das setzt natürlich voraus, daß man noch Geld übrig hat.

129

Wenn man intelligentes Geldmanagement betreibt, gibt es unzählige Möglichkeiten, mit Trading Geld zu verdienen. Wer sich ernsthaft mit Day Trading beschäftigen will, sollte sich über seinen Einsatz, den Zeitaufwand und den Zeitrahmen Gedanken machen. Er muß wissen, wieviel er einsetzen will, finanziell und psychisch, und dann muß er loslegen. Man darf nicht nach den ersten zehn Trades sagen: »Oh, zum Teufel damit!« oder »Ich kaufe jetzt noch 30 Kontrakte, und damit gleiche ich alle meine Verluste wieder aus«. Ich meine, selbst wenn man richtig liegt, geht es einem wie mir mit meinem Stockungsphasen-System. Es ist Glück, keine geistige Leistung, und auf lange Sicht ist es wertlos, denn es verleitet einen zu der Überzeugung, man habe etwas Nützliches zur Verfügung, obwohl man eigentlich gar nichts hat.

Frage: *Was ist die optimale psychische Einstellung für das Day Trading?*
David: Selbstvertrauen, denn man muß alle diese Verluste verkraften können. Man braucht Vertrauen, nicht nur in die Methode, sondern auch in sich selbst. Man muß viel Geduld haben, denn es kann lange Zeiträume geben, in denen man nicht gut abschneidet. Jeder erfahrene Trader hat solche Phasen schon erlebt. Das drückt einen nieder und wirkt sich auf alle Lebensbereiche aus.

Vielleicht ist das in anderen Berufen auch so. Jeder, der Ärger im Büro gehabt hat, nimmt diesen Ärger mit nach Hause zu seiner Familie. Ich bin mir nicht sicher, ob sich das bei Tradern noch stärker auswirkt, aber in einer Hinsicht tut es das sicher: Trading gibt einem ein beständiges und unmittelbares Feedback. Das Ergebnis kommt prompt. Jeden Tag und nach jedem Trade erfährt man, wie man abgeschnitten hat. Wenn ein Rechtsanwalt an einem Fall arbeitet, dann kann sich die Sache ein Jahr lang hinziehen; es gibt Höhen und Tiefen, er gewinnt den Fall, er verliert ihn, oder was auch immer! Wenn man aber beim Trading eine Verlustphase durchmacht, hat man bei jedem einzelnen Verlust das Gefühl, psychisch und finanziell werde ein Stück aus einem herausgerissen. Und als ob das nicht schon schlimm genug wäre, hat man dann auch noch weniger Geld.

Frage: *Wie gehen Sie mit den Verlusten um?*
David: Als ich jünger war, konnte ich sehr schlecht damit umgehen. Ich habe zugelassen, daß sie mein ganzes Leben beeinflußten. Ich träumte häufig vom Trading. Ein Traum war schrecklich: Ich

gehe einen Trade ein, und er bringt Gewinn. Ein großer Trade, vielleicht der größte, den ich je hatte! Und jetzt kommt der hysterische Teil: Ich will den Gewinn einstreichen, aber niemand hört meine Order, niemand hört mir zu. Ich bin unsichtbar. Niemand achtet auf mich, und der Markt läuft plötzlich in die Gegenrichtung. Der phantastische Gewinntrade wird zu einem ruinösen Verlust. Aber das ist noch nicht alles: Die Schlußglocke ertönt, und ich kann den Trade nicht glattstellen. An diesem Punkt klingelte meist mein Wecker, und ich wachte schweißgebadet auf. Glauben Sie mir: Ich hatte ständig solche Träume. Aber noch schlimmer als diese Träume, über die wir jetzt lachen können, war meine Einstellung. Ich ging von der Börse heim und ärgerte mich schwarz über meine Trades. Sogar über die Gewinne. Entweder hatte ich nicht genug eingesetzt oder nicht genug herausgeholt. Es ist sehr negativ, so zu denken. Es war schädlich für mich, für das Verhältnis zu meiner Familie und zu meinen Freunden. Und ich hatte damals noch eine schlimme Angewohnheit: Wenn ich außerhalb der Börse andere Trader traf, etwa bei einem gesellschaftlichen Anlaß, sprach ich nur über Trading. Wenn ich jetzt darüber nachdenke, dann habe ich Glück gehabt, daß meine Frau damals nie in der Nähe scharfer Werkzeuge stand, denn das machte sie schier wahnsinnig! Aber, wie gesagt, damals war ich noch jünger. Das habe ich hinter mir! Aber es gehört zu den schwierigen psychologischen Problemen, die ein Teil des Tradings sind.

Frage: *Wie sind Sie damit fertig geworden?*
David: Meine Frau war mir eine große Hilfe, denn es war nicht gesund, und ich denke die meisten Trader haben sich schon einmal ähnlich verhalten oder tun es noch immer, wenn sie nicht damit fertig geworden sind. Ich habe erkannt, daß ich ein Problem hatte. Natürlich geht es um Geld, es ist wichtig, es ist mein Beruf, aber wenn es mich im Privatleben unglücklich macht, welchen Sinn hat es dann?

Frage: *Inwieweit hat eine negative psychische Einstellung Ihre Entscheidungen beim Trading beeinflußt?*
David: Manchmal hatte ich sehr erfolgreiche Tage, ganze Serien von Gewinnen, und das beeinflußte mich negativ, weil ich nicht wußte, was ich am folgenden Tag tun sollte. Ich steckte voller Emotionen und sagte mir: »Ich bin heiß, jetzt muß ich es packen!«

obwohl es eigentlich gar nichts zu tun gab. Ich dachte nicht mehr an Geldmanagement, weil ich vor Ehrgeiz brannte. Wenn ich aber verlustreiche Zeiten hatte, zog ich mich zurück, stellte die Validität meines Programms in Frage, verlor mein Selbstvertrauen und fühlte mich wie gelähmt.

Es gab in meiner Laufbahn viele Tage oder Phasen, als ich wie gelähmt war und nicht agieren konnte. Es gab Trades, bei denen ich wußte, daß ich sie eingehen sollte, aber ich tat es nicht, weil ich Angst hatte.

Wie gesagt: Man braucht viel Selbstvertrauen, um nicht in diese Fallen von Angst und Lähmung zu geraten, denn sie sind sehr real.

Frage: *Zumindest scheint es mir eine sehr gute Basis zu sein, wenn man negative Emotionen als Problem erkannt hat.*

David: Ja, und meine Frau hat mir dabei sehr geholfen. Man muß einfach akzeptieren, daß dieser psychische Druck das ganze Leben beeinflußt. Manchmal tappe ich auch nach all den Jahren noch in diese Fallen, aber zum Glück sehe ich die Zusammenhänge und kann mich wieder daraus befreien, bevor es wirklich schlimm wird.

Frage: *Können Sie Ihre Trading-Methode beschreiben? Vor allem interessiert mich, wie Sie an Märkte herangehen. Woran erkennen Sie eine günstige Gelegenheit?*

David: Ich sagte schon zu Beginn dieses Interviews, daß ich die wichtigen Widerstands- und Unterstützungszonen der Märkte kenne, die ich trade. Entsprechend kenne ich auch die allgemeinen Bandbreiten, innerhalb derer ich die Preisbewegung an einem Tag oder über mehrere Tage vermute. Außerdem lese ich vier oder fünf Tageszeitungen, bevor ich überhaupt mit dem Trading beginne. Wie Sie wissen, trade ich in erster Linie Währungen, also muß ich prüfen, was über Nacht in London passiert ist. Seit etwa einem Jahr wird das immer wichtiger. Das alles gehört zur Grundvorbereitung. Wenn ich dann an meinem Arbeitsplatz bin, suche ich nach Märkten, deren Schwäche oder Stärke allmählich nachläßt. Ich versuche herauszufinden, an welchem Punkt die Leute das Gefühl haben, sie müßten nun sofort aussteigen. In der Regel folgt die Belohnung schnell. Das gefällt mir. Ich mag schnelle Richtungsänderungen. Ich wage nicht gern einen Trade gegen den Trend und sitze dann eine Stunde oder auch zwei damit herum, denn das ist ein Anzeichen, daß mit meiner Analyse etwas nicht stimmt, und daß ich wahrscheinlich keinen Bereich erwischt habe, in dem eine Trendumkehr erfolgen wird.

Abhängig von der Volatilität achte ich auch auf die Bandbreite, innerhalb derer ich nach Trendwenden suche. Bei geringer Volatilität suche ich vielleicht nach sehr kleinen Bewegungen, doch in Zeiten hoher Volatilität, etwa in einem Markt, der sich sehr schnell bewegt oder nach einem wichtigen Regierungsbericht, muß man diese Bandbreiten erweitern. Ich reagiere nicht auf jede Rallye von zehn oder 15 Basispunkten in der Deutschen Mark. Der Markt muß sich schon um 70 oder 80 Basispunkte bewegen, bevor ich auf eine Trendumkehr setze. Wenn man dann richtig liegt, fällt der Gewinn ja auch wesentlich höher aus. Natürlich ist es dann auch gefährlicher, wenn man falsch liegt. Um es aber noch einmal zu sagen: Mit einem intelligenten Geldmanagement sollte man auch eine ganze Serie solcher Verluste überstehen können, denn wenn man richtig liegt, macht man sehr schnell 40, 50 oder 60 Punkte gut.

Nehmen wir folgende Situation an: Der Markt liegt über seinem 50-, 20- und Zehn-Tages-Durchschnitt. Die meisten würden das als einen langfristigen Aufwärtstrend interpretieren, und darum habe ich dieses Szenario gewählt. Stellen Sie sich vor, daß der Markt in den letzten drei oder vier Handelstagen nicht gerade explodiert, aber an jedem einzelnen Tag ein wenig gestiegen ist. In einem solchen Markt kaufe ich nicht gern. Das ist genau die Art von Markt, in dem ich nach einem Verkaufspunkt suche. Ich will den Preisbereich finden, wo der Markt sich abschwächt, denn jeder, der ihn mit Käufen bis zu diesem Punkt nach oben getrieben hat, wird nun allmählich nervös. Entweder sagt er:»Ich muß den Gewinn nun einstreichen«, oder er hatte das Pech, genau den Trade zu machen, von dem ich eben gesagt habe, daß ich ihn nicht machen würde. Er versucht auszusteigen, denn er sagt sich:»Oh Gott! Ich bin am Top eingestiegen!« Wenn man klug genug ist und auch das nötige Glück hat, jetzt in den Markt zu gehen, kann man viel von der Massenpsychologie profitieren.

Eines will ich ganz klar herausstellen: Ich sage nicht, daß meine Methode die einzig richtige ist. Ich denke, sie paßt eben zu mir. Ich kenne viele Leute, die es für völlig verrückt halten, in einem solchen Markt zu verkaufen, und rein verstandesmäßig könnte ich ihnen sogar zustimmen. Was ich tue, tue ich allerdings schon seit vielen Jahren mit großem Erfolg. Ich gehe nicht oft mit dem Trend, anstatt auf die Trendumkehr zu warten. Und ich habe damit auch nur minimalen Erfolg gehabt, wenn ich es mit meiner üblichen Vorgehensweise vergleiche.

Frage: *Können Sie ein oder zwei Beispiele für Fälle nennen, als Sie hohe Verluste erlitten, obwohl Sie alles »richtig« gemacht hatten?*
David: Ich war früher ein extrem aktiver Scalper auf dem Börsenparkett. An manchen Tagen habe ich 1000 Käufe und Verkäufe getätigt. Wenn man so tradet, steht man meistens nahe am Ordereingang und neigt dazu, mit dem Trend zu gehen. In schnellen und umsatzstarken Märkten gibt es in der Regel viele Kauf-Stops, wenn der Markt nach oben geht, und viele Verkaufs-Stops, wenn er fällt. In solchen Situationen tendieren die größeren Floor-Trader dazu, die Gegenpositionen dieser Aufträge einzugehen.

Diese Aufträge kommen vielleicht von Trading-Unternehmen, von institutionellen Anlegern oder von den intelligentesten Leuten der Welt, die sich kurzfristig nicht darum kümmern, welchen Preis sie zahlen, die aber wissen, daß sie die Deutsche Mark kaufen wollen, wenn sie steigt, und sie verkaufen wollen, wenn sie fällt. Einem Scalper dagegen ist der langfristige Trend der Deutschen Mark völlig egal. Ihm ist nur wichtig, wohin die Mark tendiert, bis er den Trade wieder glattgestellt hat, hoffentlich innerhalb weniger Sekunden, und daß der Trade profitabel ist.

Frage: *Das trifft auch auf Day Trader zu, nicht wahr?*
David: Genau. Man interessiert sich nicht dafür, was morgen oder in sechs Monaten passiert. Für einen Scalper hat die Sache folgenden Nachteil: Er bekommt zwar in der Regel den Preis, den er verlangt, aber wenn es schiefgeht, kann er sehr schnell große Verluste erleiden. Als ich auf dem Parkett aktiv war, bin ich einige Trades eingegangen, die zu groß und wahrscheinlich auch nicht sehr klug waren. Ich bin sie nicht eingegangen, weil ich dachte, der Markt würde nun nachgeben, sondern weil jemand bereit war, den Preis zu zahlen, den ich verlangte. Wenn man auf diese Weise ein paar Mal Prügel bezieht, dann merkt man, daß man seine Preise sehr klug setzen muß. Ich habe dabei gelernt, mich wirklich auf die wichtigen Punkte zu konzentrieren, anstatt zu sagen: »Oh, ich kann den Preis bestimmen. Also muß es ein guter Trade sein.«

Frage: *Wie gehen Sie mit Gewinnen um?*
David: Als ich jünger war, habe ich viel zuviel Gewicht darauf gelegt, daß ich in der Lage war, mit Gewinn zu traden. Wenn man jung ist und mit gewissem Erfolg tradet, neigt man dazu, seinen Selbstwert mit seinem Nettowert gleichzusetzen. Man beginnt zu denken, man sei unbesiegbar, habe den Markt geschlagen, und das sei in den großen Zusammenhängen des Lebens von einiger Bedeutung. Jetzt, da ich älter bin, versuche ich meine Gewinne mit Gleichmut zu sehen und ihre Bedeutung nicht zu überschätzen. Jedenfalls nicht über die Tatsache hinaus, daß sie mir helfen, meine Rechnungen zu bezahlen, Geld auf der Bank zu haben und den nächsten Trading-Tag zu überstehen. Wenn man Erfolg hat, ist es manchmal wirklich schwierig, weil man natürlich annimmt, es werde immer so weitergehen. Man redet sich ein, daß man immer so weitermachen kann. Es ist aber nicht nur für Neulinge ein guter Rat, daß Trading ein schweres Geschäft ist, und daß man sich keine Faulheit leisten darf. Noch wichtiger ist das für Trader, die schon Erfolg gehabt haben, denn wenn sie unaufmerksam werden und sich den Veränderungen der Märkte nicht anpassen, dann erleiden sie Schiffbruch. Der Markt ist da sehr effizient, und das betrifft uns alle. Wenn man erfolgreich ist und Gewinne macht, ist daher genau der richtige Zeitpunkt gekommen, seine Trading-Methode ernsthaft zu analysieren. Es ist wirklich der beste Zeitpunkt dafür. Genau dann will das niemand tun, aber es ist wirklich die passende Zeit für Selbstkritik und für die Frage, ob man sich richtig verhält.

Frage: *Warum haben Ihrer Meinung nach die meisten Leute beim Day Trading keinen Erfolg?*
David: Um es noch einmal zu sagen: Ich habe viele faule Leute getroffen. Sie arbeiten nicht hart genug daran, und es ist nun einmal sehr schwierig. Viele finden es bequem, sich keinem Druck auszusetzen und all die Dinge nicht zu tun, die für den Erfolg nötig sind. Sie wollen den leichten Erfolg, aber in diesem Beruf gibt es das nicht. Noch wichtiger ist wohl das, worüber wir eben diskutiert haben: Das Akzeptieren von Verlusten. Wenn man nur mit 40 oder 50 Prozent der Trades Gewinne macht, ist es extrem schwierig, damit zurecht zu kommen. Manchmal denkt man, man sei in dieser Materie einfach nicht gut und werde es auch nie sein!

Wenn man im Baseball bei zehn Versuchen dreimal trifft, verdient man fünf Millionen Dollar im Jahr. Auch beim Trading gibt es Leute, die bei drei von zehn Geschäften richtig liegen und damit viel Geld verdienen. Ich glaube, Richard Dennis hat einmal gesagt, daß er 90 Prozent seiner Gewinne mit fünf oder zehn Prozent seiner Trades macht. Und wir wissen alle, daß dieser Mann eine Menge Geld verdient hat!

Frage: *Sie erwähnten den Baseballspieler, der fünf Millionen Dollar im Jahr verdient, weil er drei von zehn Bällen trifft. Auch dieser Spieler muß sich mit dem Problem der anderen sieben Bälle herumschlagen.*

David: Einer meiner Freunde ist Optionshändler, und sein Programm besteht in erster Linie darin, aus dem Geld notierende Puts und Calls zu kaufen. Das ist es auch, was er tut. Er hat Positionen in 25 verschiedenen Märkten und setzt auf Volatilität. Das ist sein Spiel, und manchmal gibt es Zeiten mit niedriger Volatilität. Er agiert in einem breiten Spektrum von Märkten, um zu diversifizieren. Das ist eine kluge Taktik, aber zumindest theoretisch könnten alle 25 Märkten eine Phase niedriger Volatilität durchlaufen, und er würde überall verlieren. Er kennt diese Gefahr. Sie gehört zu seinem intuitiven Modell. Das heißt, er hat diese Möglichkeit mit einbezogen. Und genau das ist das Entscheidende: Man muß sich mit seiner Methode wohlfühlen und auf sie vertrauen. Und man muß sich mit der Tatsache abfinden, daß sie nicht immer funktionieren wird.

Frage: *Wir haben schon kurz darüber gesprochen: Welche Unterschiede sehen Sie zwischen langfristigem Trading und Day Trading?*

David: Ein Positionstrader muß nicht so viele Entscheidungen treffen. Beim Day Trading hat man es mit mehr Variablen zu tun. Man muß Entscheidungen automatisch und mit einer Präzision treffen, die für einen längerfristigen Trader in der Regel nicht so entscheidend ist. Man muß mit viel engeren Stops arbeiten. Die meisten Day Trader, die ich kenne, müssen unvergleichlich engere Stops setzen, als es Langfrist-Trader tun. Vielleicht hätte ich das schon früher erwähnen sollen: Ich halte Stops für sehr wichtig. Es ist in Ordnung, mit intuitiven Stops zu arbeiten. Und aus taktischer Sicht halten es viele auch tatsächlich für keine clevere Art zu traden, wenn man den Stop beim Händler oder beim Broker setzt. Ich bin von dieser Ansicht allerdings nicht sehr überzeugt.

Ich halte es in gewisser Weise für einen befreienden Faktor, wenn man einen Stop als Eintritts- oder Austrittspunkt festgelegt hat. Befreiend insofern, als der Entscheidungsprozeß, der mit einem Programm oder einer Methode verbunden ist, automatisch in Gang gesetzt wird. Trader, vor allem Neulinge, sind beim Treffen von Entscheidungen oft sehr zurückhaltend. Wenn sie eine Entscheidung fällen, sieht sie momentan vielleicht brillant und richtig aus. Sie ist absolut sinnvoll und zweckgerichtet. Doch wenn der Markt sich ihrem geplanten Einstiegspunkt nähert, bekommen sie kalte Füße! Ich weiß noch, wie gnadenlos wir uns an der Börse über einen Kerl lustig gemacht haben, der seine Geld- und Briefkurse immer einen Punkt zu hoch oder zu niedrig ansetzte. Ich denke, daß er in fünf Jahren keinen einzigen Trade gemacht hat! Das ist traurig, aber er war einfach nicht fähig, den Schuß abzufeuern. Ich halte es wirklich für wichtig, Aufträge schon im voraus zu erteilen, vor allem dann, wenn man kein mechanischer Trader ist.

Auch taktisch ist es sehr sinnvoll, wenn man weiß, wo man ein- und aussteigen will. Darum arbeite ich bei jedem Trade mit Stops. Ich meine, ich kann mir einfach nicht vorstellen, daß ich einen Trade eingehe oder eingehen will, ohne einen Ausstiegs- oder Einstiegspunkt zu haben, der durch einen Stop abgesichert ist.

Frage: *Haben Sie noch eine abschließende Weisheit zu verkünden?*
David: Man muß versuchen, den Einfluß emotionaler Höhen und Tiefen auszuschalten. Ich habe diesen Punkt schon angesprochen. Wissen Sie, beim Trading kommt und geht das Geld sehr schnell, und hoffentlich gewinnen Sie mehr als Sie verlieren, aber in Wahrheit ist es keine so große Sache. Solange man davon leben kann, geht die Welt geht nicht unter, wenn man einmal nicht ein kleines bißchen mehr verdient als man erwartet hatte. Und wenn man nie alles auf eine Karte setzt und außerdem diszipliniert tradet, wird man an den nächsten Tagen immer zurückkommen können. Man kann wirklich erfolgreich sein, wenn man die Sache gleichmütig angeht und sich über Gewinne oder Verluste nicht zu sehr aufregt. Und außerdem ist es gesünder.

KAPITEL 9

Larry Rosenberg

Larry Rosenberg ist langjähriges Mitglied der Chicago Mercantile Exchange und war dort Mitglied des Aufsichtsrats. Larry war jahrelang aktiver Floor Trader und tradet weiterhin mit Erfolg auf eigene Rechnung auf dem Parkett und außerhalb.

Frage: *Könnten Sie beschreiben, wie Sie Ihre Day-Trading-Strategie entwickelt haben?*
Larry: Eine interessante Frage. Ich habe 1961 am Board of Trade mit dem Trading begonnen. Mein erstes Jahr als Floor Trader war die einzige Verlustperiode in 35 Jahren meiner Tätigkeit als Trader. Ich habe damals ein paar Dollar verloren, aber mein Trading-System hat sich entwickelt. Die Antwort auf Ihre Frage ist wohl, daß mein System sich durch Versuch und Irrtum entwickelt hat.

Frage: *Wie sah der Lernprozeß am Anfang aus?*
Larry: Was damals bei mir nicht funktioniert hat, war das Lesen von Charts. Computersysteme gab es nicht, und zu Charts hatte ich einfach keinen guten Draht. Ich war ein intuitiver Trader, und durch meine Tätigkeit auf dem Parkett habe ich ein Gefühl für den Markt entwickelt.

Ich habe Getreidekontrakte gehandelt; Mais, Soyabohnen und so weiter. Man entwickelt dabei ein Gefühl für Timing. Ich denke, das ist eine erlernte Reaktion. In erster Linie läuft es über das Gehör ab. Eine Baisse hört sich anders an als eine Hausse. Man entwickelt ein Gehör dafür, und so bin ich allmählich zum Trader geworden. Ich habe keine bestimmte Formel oder irgendwelche Systeme verwendet, aber wie jedem Trader, der Erfahrungen sammelt, sind auch mir gewisse Dinge in Fleisch und Blut übergegangen. So entwickelt sich im Lauf der Zeit ein Chart im Kopf.

Was ich früh in meiner Karriere gelernt habe: Wenn ich eine Position aufbaue, denke ich weniger daran, wann ich meinen Gewinn mitnehmen, sondern in erster Linie daran, wann ich aussteigen muß. Ich habe immer einen mentalen Stopp-Kurs, und ich bin bereit, entsprechend zu reagieren.

Frage: *Das scheint bei allen früheren Floor Tradern so zu sein.*
Larry: Wenn man überleben will, ist dies die Antwort. Man muß sein Risiko definieren; man kann es nicht ins Unendliche anwachsen lassen. Wenn man Gewinne wieder verliert, ist das keine schöne Situation, aber es ist nichts im Vergleich zu anschwellenden Verlusten. Wenn mich etwas zu einem erfolgreichen Trader gemacht hat, dann ist es diese Überzeugung. Ich habe diese Disziplin entwickelt, und ich bin ihr treu geblieben. Einige meiner besten Trades in 35 Jahren waren »Scratches«. Ich baue eine Position auf, und sie entwickelt sich nicht gut. Ich steige sofort aus! Ich habe mich damit nicht wohl gefühlt, aber ich gehe solche Trades immer wieder ein.

Frage: *Es ist egal, was danach passiert.*
Larry: Es interessiert mich nicht im geringsten.

Frage: *Es könnte richtig gewesen sein, aber ...*
Larry: Wenn ich zum Beispiel eine Position glattgestellt habe und merke, daß das ein Fehler war, dann steige ich zu einem höheren

Preis wieder ein. Diese Präsenz auf dem Parkett ist für Floor Trader sehr wichtig.

Frage: *Richtig, aber jetzt sind Sie nicht mehr auf dem Parkett tätig. Trifft das, was Sie gesagt haben, auch auf das Trading außerhalb des Börsenparketts zu?*
Larry: Oh ja, absolut. Ich bin ein disziplinierter Mensch, und ich halte das für sehr wichtig. Welches System man auch benutzt: Solange man diszipliniert bleibt, wird es funktionieren.

Frage: *Und die Methode muß …*
Larry: Sie muß zuverlässig sein, richtig.

Frage: *Sie sagten ..*
Larry: Disziplin ist der wichtigste Punkt. Wenn ich jetzt außerhalb des Parketts einen Trade eingehe, einen Auftrag erteile, dann weiß ich, wo ich meinen Stop setzen muß und wann ich falsch liege. Diese Disziplin überträgt sich auf den gesamten Prozeß. Als Floor-Trader konnte ich nicht so vorgehen; meine Parameter haben sich ausgeweitet, aber ich halte Disziplin für einen sehr wesentlichen Aspekt beim Trading. Wenn ich einen Trade eingehe, dann habe ich auch eine bestimmte Vorstellung von der Höhe des Gewinns, den ich anstrebe. Da bin ich allerdings flexibel. Wenn der Markt mein Kursziel erreicht, kann ich mich neu entscheiden. Mein Stopp-Kurs ist allerdings völlig unflexibel und wird nie nach unten revidiert. Wenn ich auf steigende Notierungen setze und damit recht behalte, ziehe ich den Stopp-Kurs eventuell nach, aber ich werde ihn niemals nach unten revidieren.

Frage: *Sie sagten, daß Sie in Ihrem ersten Jahr als Trader Verluste erzielt haben, und daß es eine Art Lernprozeß war. Was haben Sie danach anders gemacht, als Sie Gewinne erzielten?*
Larry: Zunächst habe ich mich mit dem Markt und dem ganzen Umfeld des Trading vertraut gemacht. Sie wissen ja, daß das, gelinde gesagt, eine ganz eigenartige Atmosphäre ist. Dann entwickelte ich Disziplin und lernte, mich vom Markt ausstoppen zu lassen.

Frage: *In den letzten Jahren haben Sie den Großteil Ihrer Zeit außerhalb des Börsenparketts verbracht, nicht wahr?*
Larry: Meine gesamte Zeit.

141

Frage: *Wie hat sich Ihre Trading-Methode entwickelt?*
Larry: Das war interessant, denn es war für mich eine neue Erfahrung, das Parkett zu verlassen. Im Grunde habe ich ein paar Jahre gebraucht, um zu lernen, wie man außerhalb des Parketts tradet. Es hat fast ein Jahr gedauert, bis ich manche Dinge verlernt hatte, die zwar auf dem Parkett funktionieren, außerhalb jedoch nicht.

Frage: *Ihnen fehlten die typischen Parkettgeräusche?*
Larry: Jetzt läuft alles visuell. Die Parkettgeräusche haben damit nichts zu tun. Manchmal waren es Entscheidungen aus dem Bauch heraus, die auf dem Parkett gut funktionieren, vor einem Monitor aber sinnlos sind. Einige Parkett-Taktiken sind wirklich gefährlich, wenn man sie außerhalb anwendet. Das Wesentliche, das ich gelernt habe, ist jedoch, daß die Disziplin entscheidend bleibt. Außerhalb des Parketts ist sie noch wichtiger als auf dem Parkett, und als Trader vor dem Bildschirm muß man nachts noch einige Hausaufgaben erledigen. Ich sehe mir die Zahlen an und entwickle Strategien für den nächsten Tag.

Ich mußte also viele verschiedene Dinge lernen. Das Wichtigste aber – und ich wiederhole mich da gerne – ist und bleibt die Disziplin. Ich kann das gar nicht genug betonen. Ein Teil meiner Erfahrungen war in meiner neuen Umgebung recht komfortabel. Es ist nicht einfach, den Tumult auf dem Börsenparkett, den Lärm und all die Leute dort zu verlassen und ganz allein in einem Büro zu sitzen. Dort schaue ich nur auf einige Bildschirme, und der einzige Lärm ist der, den ich selbst mache, wenn ich falsch liege und deshalb mit dem Kopf gegen die Wand schlage. Es ist ein völlig anderes Umfeld.

Frage: *Sie haben vorhin von Vorbereitung gesprochen.*
Larry: Das ist sehr wichtig.

Frage: Wie bereitet sich Larry Rosenberg auf den Trade des nächsten Tages vor?
Larry: Ich spiele mit einigen Systemen, mit ein paar gleitenden Durchschnitten, die ich verwende. Ich verwende für jeden Markt spezifische Durchschnitte. Einige sind in bestimmten Märkten besonders wirksame Indikatoren. Das ist das Schöne an einem Computer: Er kann einem sämtliche Arbeiten abnehmen, und dazu noch so schnell. Man gibt die Daten ein und testet sie. Ohne Test

ist es nutzlos. Ich versuche, einen etablierten Trend zu bestimmen, und dann benutze ich meine gleitenden Durchschnitte zum Timing des Markteintritts, um dem Trend zu folgen.

Frage: *Kaufen Sie bei Rückschlägen oder Kursausbrüchen?*
Larry: Auch das. Es hängt davon ab, wohin der Markt tendiert.

Frage: *Ihre Vorgehensweise ändert sich also gemäß den Marktbedingungen?*
Larry: Absolut. Der Markt und die Marktbedingungen sind entscheidend.

Frage: *Was ist Ihrer Meinung nach der Schlüssel zu einem erfolgreichen Day-Trading-System?*
Larry: Ehrlich gesagt: Wenn man Day Trading in einem Markt betreibt, der in Bewegung ist, kann man fast eine Münze werfen – Kopf: kaufen, Adler: verkaufen. Falls man gutes Geldmanagement und gute Risikokontrolle betreibt, wird man Geld verdienen.

Frage: *Ob Sie es glauben oder nicht, aber ich kenne einige Computerstudien, die exakt auf diese Weise vorgehen.*
Larry: Das glaube ich gerne.

Frage: *Mit zufallsverteilten Käufen und Verkäufen über einen bestimmten Zeitraum verdient man Geld, wenn man gutes Geldmanagement betreibt.*
Larry: Ja, ein gesundes Geldmanagement ist unerläßlich.

Frage: *Bob Koppel und ich erzählen den Teilnehmern an unseren Seminaren, daß man manchmal 20 verlustbringende Trades hintereinander hat. Dann kommt das Vertrauen in die Methode ins Spiel. Die meisten Trader würden den 21. Trade nicht eingehen. Den Trade, der der Anfang einer langen Serie von Gewinnen sein könnte.*
Larry: Das ist völlig richtig. Ich mußte das lernen, als ich das Börsenparkett verließ. Wenn das System funktioniert, bringen 60 Prozent aller Trades Gewinne. Auch 50 Prozent sind schon toll. Es ist einfach wunderbar! Das bedeutet aber nicht, daß fünf oder sechs Trades Gewinne bringen, wenn man nur zehn eingeht. Es funktioniert erst nach 100 oder nach 1000 Trades. Also muß man an sich selbst und an sein System glauben und einfach dranbleiben.

Das erfordert aber Geldmanagement. Man darf es nicht übertreiben. Man muß immer wissen, welcher Prozentsatz des Vermö-

143

gens auf dem Spiel steht, und man muß Stopp-Kurse setzen. Wenn man so vorgeht, wird man Erfolg haben. Das ist natürlich leichter gesagt als getan.

Frage: *Wie gehen Sie persönlich mit Verlusten um?*
Larry: Nun, ich bin kein guter Verlierer, aber man kann Verluste nicht vermeiden. Es ist so wie bei einem Preisboxer: Wenn man in den Ring steigt, bekommt man Schläge ab. Auch Mike Tyson muß Schläge einstecken. Er verliert nicht, aber er bekommt Schläge. Man muß jeden Verlust als Schlag betrachten und sicherstellen, daß man niemals ausgeknockt wird.

Frage: *Das ist ein guter Vergleich.*
Larry: So ist es nun einmal: Manchmal bekommt man kräftig eins auf die Nase.

Frage: *Gehen Sie mit Ihren Verlusten auf eine bestimmte Weise um? Führen Sie dann Selbstgespräche?*
Larry: Ich treibe gern Sport. Wenn der Markt mir Schläge verpaßt, kann ich in eine wirklich miese Stimmung kommen. Dann nehme ich mir ein paar freie Tage, verlasse die Stadt, gehe zum Skifahren, zum Fischen oder ich mache irgendetwas anderes. Sie wissen, wie das ist: Ich gehe weg, um das Trading zu vergessen. Körperliche Aktivität – Krafttraining oder Laufen – ist das Beste für meinen Kopf. Man muß mit seinen Emotionen auf konstruktive Weise umgehen. So läuft es.

Frage: *Es gibt viele Leute, die nicht an erfolgreiches Day Trading glauben. Sie und ich kennen aber viele, die damit Erfolg haben. Warum haben so viele Trader Angst vor dem Day Trading?*
Larry: Aus ganz einfachen Gründen. Viele Leute beobachten nur einen oder zwei Märkte, und wenn diese Märkte sich nur innerhalb einer schmalen Spanne bewegen, ist es schwer, dort Geld zu verdienen. Man muß diversifizieren können. Vielen fällt das schwer. Es erfordert auch viel Vorbereitung und schnelle Entscheidungen.

Außerdem suchen viele Leute ständig nach Gründen für Marktbewegungen. Zur Hölle mit den Gründen! Der einzige Grund, den ich brauche, ist die Bewegung des Tickers. Was der Markt macht. Das ist Grund genug für mich! Diese Denkweise fällt vielen Tradern schwer.

Man kann später natürlich alle Fundamentaldaten nachlesen, aber wenn man Day Trading betreibt, kann man seinen Kopf nicht mit all diesen Dingen belasten. Eine eigene Meinung lenkt ab. Man muß nur den Markt beobachten und entsprechend reagieren.

Frage: *Was sind die wesentlichen Unterschiede zwischen kurz- und langfristigem Trading?*
Larry: Ein Faktor ist die Geduld. Ein Positionstrader braucht viel mehr Geduld als ein Day Trader. Ich habe übrigens eine ganze Weile gebraucht, um das zu lernen. Für einen Floor Trader gilt nur die sofortige Belohnung. Damals sagte ich: »Verwirre mich nicht mit Fakten. Ich will nichts lesen, sondern nur auf den Markt reagieren.« Beim Day Trading gilt das immer noch. Man will sich nicht mit Fundamentaldaten und allen möglichen Zahlen beschäftigen, sondern nur mit dem Markt. Wenn man aber längerfristig agiert, muß man Geduld üben und sich ein fundamentales Verständnis des Marktes erwerben. Day Trading ist anders. Man entwickelt seine Parameter. Man geht den Trade ein, setzt den Stop und schaltet quasi den Autopiloten ein. Ich will mich nicht zu oft wiederholen, aber alle diese Handlungen erfordern Disziplin und gutes Geldmanagement.

Frage: *Betrachten Sie beim Day Trading den Tag isoliert, oder gibt es eine Beziehung zu dem, was zum Beispiel gestern passiert ist, vorgestern oder wann auch immer, je nachdem, welchen Zeitrahmen Sie als wichtig erachten?*
Larry: Beim Day Trading dehne ich den Zeitrahmen manchmal aus. Am Ende des Tages steige ich nicht unbedingt aus. Vielleicht bringe ich ja einen profitablen Trade mit nach Hause. Andererseits: Heute habe ich auf den Devisenmärkten getradet. Was vorher war, spielte dabei keine Rolle. Ich habe nur auf die heutigen Kursbewegungen reagiert.

Frage: *Wie gehen Sie mit Gewinnen um?*
Larry: Das ist eine gute Frage. Ich finde es viel einfacher, einen Verlust wegzustecken als einen guten Profit einzustreichen. Wenn man einen Trade eingeht, weiß man in der Regel, wie hoch der maximale Verlust ausfallen kann. Und man ist bereit, ihn hinzunehmen. Außerhalb des Parketts ist das Einstreichen von Gewin-

145

nen ein schwieriger Lernprozeß. Ich versuche immer, Teilgewinne mitzunehmen. Das ist psychologisch sehr wichtig.

Es ist wirklich ein Klischee: Man muß Gewinne laufen lassen. Ich habe wirklich nie verstanden, was zum Teufel das eigentlich heißen soll. Es ist ein Ideal, das sehr schwer zu erreichen ist. Darum habe ich auch jetzt, wo ich nicht mehr auf dem Parkett agiere, immer meine Kursziele. Ich beobachte, wie sich der Markt in der Nähe dieses Kursniveaus verhält. Wenn er ein wenig stagniert, nehme ich zumindest Teilgewinne mit. Aber ich habe wirklich die Erfahrung gemacht, daß das Einstreichen von Profiten schwerer ist als das Hinnehmen von Verlusten. Es macht mehr Spaß, aber es ist schwieriger.

Frage: *Meiner Meinung nach muß man beim Einstreichen von Gewinnen mehrere Entscheidungen treffen. Die Leute scheuen davor zurück, zu viele Entscheidungen zu fällen. Sie haben Angst, einen Fehler zu machen, und darum steigen sie zum Beispiel zu früh aus.*

Larry: Es ist ein Lernprozeß. Jede Entscheidung beim Trading ist im Grunde eine Lernerfahrung. Auf diese Weise habe ich wirklich gelernt, ein besserer Trader zu werden. Manchmal behielt ich recht, gewann aber nur 25 Prozent von dem, was möglich gewesen wäre. Ich sagte zu mir: »Es gibt Schlimmeres.« Bei Verlusten ist es genauso. Man nutzt die Erfahrung als Möglichkeit, hinzuzulernen. Diese Einstellung muß man haben, um ein erfolgreicher Trader zu werden. Und noch etwas: Viele Leute beschäftigen sich mit Day Trading, weil sie meinen, daß sie dann keine offenen Positionen über Nacht zu halten brauchen. Man braucht auch nicht viel Kapital dazu, und diese Leute sind psychologisch für das Day Trading völlig ungeeignet. Day Trading erfordert die totale Konzentration. Beim Day Trading will ich nicht am Telefon über das letzte Spiel der Chicago Blackhawks oder über das Buch reden, das ich gerade lese. Ich bin voll auf das Day Trading konzentriert und auf nichts anderes.

Frage: *Es ist ein Job.*

Larry: Darauf können Sie wetten. Viele Neulinge in diesem Geschäft kommen zum Day Trading, weil es nicht sehr kapitalintensiv ist, aber sie sind nicht dafür geeignet. Es handelt sich wirklich um Neulinge, und ganz allgemein gesagt bin ich der Meinung, daß ein Neuling kein Day Trading betreiben sollte. Es ist nämlich sehr schwer. Am Anfang sollte man vielleicht kurzfristiges Trading betreiben, aber man muß mit dem Markt vertraut werden und lernen, richtige Einstiegs- und Stopp-Kurse zu setzen, bevor man sich an das Day Trading wagt.

Frage: *Wie wichtig ist Konzentration?*
Larry: Äußerst wichtig. Was ich damit sagen will: Wegen des begrenzten Zeitrahmens muß die Konzentration des Traders scharf wie ein Laserstrahl sein. Es ist nicht so wie bei den Leuten, die pro Jahr einen oder zwei Trades eingehen. Wenn die sich für ein paar Tage nicht auf den Trade konzentrieren, passiert nichts Schlimmes. Aber beim Day Trading? Wenn man nicht auf das achtet, was man tut, kann anstatt eines Erfolgs ein Verlust die Folge sein.

Frage: *Man darf Day Trading nicht mit Day Dreaming verwechseln?*
Larry: Genau. Sonst verliert man das Gefühl für den Markt. Um noch einmal auf die Analogie zum Boxkampf zurückzukommen: Wenn Mike Tyson auf einen zukommt, sollte man nicht wegsehen.

Frage: *Was halten Sie für die optimale psychische Verfassung für das Day Trading?*
Larry: Man muß voller Energie sein, oder man sollte es zumindest sein. Ich erreiche das, indem ich laufe. Man muß absolut konzentriert sein. Manche Leute schaffen das mit Disziplin, Meditation oder dergleichen. Hauptsache, es funktioniert. Man muß sich voll auf das konzentrieren, was man tut, und dabei entspannt bleiben. Wenn Sie die ganze Nacht gesoffen haben, bevor Sie traden, sind Sie totes Fleisch. Man muß physisch und mental bei guter Kondition sein. Genau wie ein Athlet. Man muß entspannt, ausgeruht und energiegeladen sein. Lesen Sie den Sportteil der Tageszeitung erst nach dem Trading und betrachten Sie es als einen echten Job.

Frage: *Welchen Rat würden Sie jemandem geben, der beim Day Trading Probleme hat?*
Larry: Es ist kein Geheimnis, daß die Märkte in letzter Zeit sehr kompliziert waren. Wenn aber jemand wirkliche Probleme hat, würde ich ihm folgendes raten: Betrachten Sie die Arbeit des heutigen Tages. Haben Sie wirklich einen vollen Arbeitstag investiert? Haben Sie ein gutes Geldmanagement? Bewegen Sie sich in den richtigen Märkten? Vielleicht sollten Sie auf andere Märkte wechseln.

Es gibt einige Märkte, in denen ich nie trade, egal, wie gut sie aussehen. Warum? Weil ich weiß, daß sie nicht zu meinem Temperament passen. Es gibt kein Gesetz, daß man in allen Märkten traden muß, und manchmal verliert man seine Konzentration, wenn man auf zu viele Märkte achtet.

Frage: *Welchen Zeitrahmen wenden Sie beim Day Trading an?*
Larry: Das hängt vom Markt ab. In einigen Märkten verwende ich Zeitrahmen von 60 oder 30 Minuten. Bei kürzeren Zeitrahmen gibt es zu viele Nebengeräusche. Unter 30 Minuten gehe ich selten. Als Anfänger habe ich es mit fünf Minuten versucht, aber das habe ich schnell wieder aufgegeben.

Frage: *Das Interessanteste beim Schreiben dieses Buchs war für mich, daß es beim Day Trading so viele verschiedene erfolgreiche Methoden gibt. Eine Methode ist es, viele Bewegungen in hochvolatilen Märkten wie dem S&P und den Devisenmärkten auszunutzen. Eine andere Methode ist es, für einen bestimmten Tag und Markt einen Einstiegs- und einen Stopp-Kurs festzusetzen. Wie gehen Sie vor, oder benutzen Sie eine Kombination beider Vorgehensweisen?*
Larry: Ich bewege mich wahrscheinlich irgendwo in der Mitte, neige aber mehr zur zweiten Vorgehensweise. Ich habe auch die andere versucht, und da gab es sehr viele Bewegungen. Das fand ich nicht sehr komfortabel. Ich fühlte mich damit nicht wohl. Lieber konzentriere ich mich auf einen Markt, wo ich gute Chancen identifizieren kann. Es funktioniert einfach nicht, wenn man versucht, jeden Tag mit zehn verschiedenen Märkten auf Tuchfühlung zu bleiben. Es ist wie ein Versuch, zwischen Regentropfen zu tanzen. Mit der anderen Methode kann man viel mehr erreichen. Man kann mehr verdienen, wenn man weniger tradet und mehr Trends erwischt, weil man dann durchdachtere, vernünftigere Trades eingeht.

Frage: *Wenden Sie irgendeine spezifische Methode oder Vorgehensweise an, die sich nach Ihrer Erfahrung für erfolgreiches Day Trading als besonders geeignet erwiesen hat?*
Larry: Sie werden es nicht glauben, aber was ich mache, ist wirklich sehr simpel. Ganz unkompliziert! Ich verwende einfache Trendlinien, Konsolidierungsbereiche und stündliche Hochs und Tiefs. Es ist erstaunlich. Einige der ganz grundlegenden Dinge

wie Chartformationen oder Trendlinien sind unglaublich profitabel.

Frage: *Der Beweis liegt im Resultat, und nicht in einer bestimmten Methode?*
Larry: Die unkomplizierten Dinge funktionieren. Man muß nur in der Lage sein, einzusteigen und den Trade zu managen.

Frage: *Haben Sie noch einen Rat für Menschen, die sich mit Day Trading befassen wollen?*
Larry: Für Leute, die sich für Day Trading interessieren, ist es einfach ein Geschäft. Es geht um Können und Fähigkeiten. Es erfordert Lernen und Übung. Man kann es nicht als Teilzeitbeschäftigung betrachten. Man kann keine Zahnarztpraxis eröffnen und damit anfangen, in Zähnen herumzubohren. Sie würden nicht zu einem Zahnarzt gehen, der auf Teilzeitbasis in Zähnen bohrt. Beim Trading ist es genauso. Und man muß auch seinen eigenen Stil entwickeln. Man darf sich nicht auf Börsenbriefe verlassen, die einem raten, hier zu kaufen und dort zu verkaufen. Man kann sie natürlich lesen, vielleicht liefern sie eine Anregung. Aber einige meiner besten Trades habe ich gemacht, indem ich das Gegenteil von dem tat, was sogenannte Marktexperten empfohlen hatten. Man muß also eine eigene Technik, einen eigenen Stil entwickeln. Und, wie ich schon sagte, ich war 30 Jahre lang Floor Trader, und ich habe einige Jahre gebraucht, um zu lernen, wie man vor einem Bildschirm tradet. Man braucht dazu Geduld. Das passiert nicht in einer oder in zwei Wochen.

Wenn es aber passiert, werden Sie jede einzelne Minute lieben!

KAPITEL 10

Toby Crabel

William H. (Toby) Crabel ist seit vielen Jahren Trader und Markt-
analyst. Er war Floor Trader und gab einen Börsenbrief heraus,
dem viele professionelle Trader große Beachtung schenkten. Mr.
Crabel hat kurzfristige Preismuster intensiv am Computer getestet, und er ist der Autor des Buchs *»Day Trading with Short Term
Price Patterns and Open Range Breakout«* (1989). Derzeit arbeitet er
als Ratgeber für Commodity Trading.

Frage: *Womit haben Sie beim Day Trading wirklich Erfolg?*
Toby: Schwer zu sagen. In jüngster Zeit habe ich allerdings ein
kurzfristigeres System entwickelt, mit viel mehr Disziplin als ich
früher hatte. Das ist wohl der wichtigste Aspekt jeder Trading-
Methode: Man muß sich Regeln aufstellen und sie befolgen. Das
Seltsame dabei: Diese Regeln sind nicht wirklich objektiv, es gibt
darin viele Gemeinplätze und nichts, das notwenigerweise für
einen arbeitet. Man überprüft die allgemeinen Börsenregeln, und
sie funktionieren nicht, oder nur in einem bestimmten Kontext,

und sie sind nicht das, was man braucht. Es ist also sehr schwer, hier das Richtige vom Falschen zu unterscheiden. Beim Trading kommt es darauf an, die Regeln zu finden, die für einen persönlich funktionieren. Speziell beim Day Trading muß man sie dann intensiv überprüfen, weil der Vorteil so unbeständig ist. Das Wesentliche ist, die persönlichen Regeln zu definieren und sie zu befolgen, so daß man einen Maßstab für die eigene Leistung hat. Ich halte das für den wichtigsten Aspekt.

Bei mir persönlich ist es so: Je mehr Druck ich von außen verspüre, desto schwerer fällt mir das Trading. Das kann man nur umgehen, indem man systematisch verfährt. Das gilt zumindest für mich. Es trifft sicher nicht auf jeden zu, denn ich begegne oft wirklich talentierten systematischen Tradern und auch anderen, die wirklich gute Erfolge erzielen. Viel bessere, als ich es je geschafft habe. Ich bin also ein Mann mit begrenzten Fähigkeiten, und ich muß hart arbeiten, um damit fertig zu werden, um in diesem Geschäft erfolgreich zu bleiben. Wie lange das gedauert hat? Es ist immer noch nicht beendet.

Frage: *Ja, es ist ein Prozeß. Fortschritt durch Arbeit, nicht wahr?*
Toby: Absolut.

Frage: *Wie sahen Ihre ersten Versuche aus?*
Toby: Ich habe meine frühen Erfahrungen genau untersucht. Von Zeit zu Zeit stoße ich auf eine Methode, die außerordentlich gut funktioniert. Ich trade erfolgreich damit, und dann verliere ich plötzlich Geld, weil jemand anders auf die Methode aufspringt – und das war auch schon. Dann sehe ich mich wieder um und finde etwas, das funktioniert, vielleicht eine etwas ausgefeiltere Methode, ich lerne hinzu und wende die Methode an. Sie funktioniert für eine Weile, und dann plötzlich nicht mehr.

Frage: *Und warum funktionieren diese Vorgehensweisen plötzlich nicht mehr?*
Toby: Das liegt wohl in der Natur des Markts. Früher hielt ich den Markt für einen meßbaren physischen Mechanismus. Meßbar wie alles in der Physik – aber das war völlig falsch. Und eine solche Annahme ist auch gefährlich, denn hier haben wir es in Wirklichkeit mit Menschen zu tun, die einen freien Willen haben. Sie können jeden Moment merken, was in einem Markt los ist

und ihr Verhalten ändern. Ich mußte meine Meinung über den Markt also auf ganz grundlegende Weise revidieren.

Am wichtigsten ist es, meiner Meinung nach, etwas zu finden, das langfristig funktioniert, und es dann anzuwenden, um damit Geld zu verdienen.

Man kann eine ganz einfache Idee haben und dann viele Male über einen langen Zeitraum mit kleinen Einsätzen entsprechend traden. Das ist meiner Meinung nach in erster Linie mit der Spieltheorie in Verbindung zu bringen. Man hat eine bestimmte Gewinnerwartung und geht viele Male entsprechend vor. Man erzielt also mehr, als man aufgewendet hat, entweder viel mehr oder nur ein wenig. Man kann viel Geld verdienen, wenn man tausend Mal ein wenig mehr verdient als man aufgewendet hat.

Frage: *Warum haben so viele Leute Probleme beim Day Trading?*
Toby: Das Day Trading selbst verursacht diese Probleme. Innerhalb der Tages-Zeitrahmen gibt es ein Element der Zufälligkeit; besonders jetzt, wegen der Bewegungen nach oben und unten, die von den Commodity-Beratern und den großen Pool-Verwaltern verursacht werden. Kurzfristig wirkt sich das sehr stark aus, und es verursacht für Day Trader viele Probleme. Früher war es nicht so. Wir können zum Beispiel einen simplen Test durchführen und den Trend auf Basis einer Tagesrange mit Tiefstkurs in den untersten und Höchstkurs in den obersten zehn Prozent dieser Range betrachten, oder auch umgekehrt. Wenn wir das über einen Zeitraum von zwei oder drei Jahren betrachten und das Ergebnis mit den zwei, drei vorangegangenen Jahren vergleichen, dann stoßen wir auf viel mehr ausgeprägte Tagestrends in den frühen 90er Jahren, den späten 80er Jahren und sogar der Mitte der 80er Jahre als jetzt. Und auch der Zeitrahmen innerhalb eines Tages ist nicht mehr so trendgeprägt wie früher. Wenn Ihre Handlungen also von Trends abhängen, bekommen Sie Probleme. Um effektiv zu traden, müssen Sie Ihre Vorgehensweise entscheidend ändern. Ein Zeitrahmen, der weniger als einen Tag umfaßt, erfordert ständig solche Anpassungen. Man muß sein System ständig anpassen, weil sich das Wesen des Markts verändert. Merke: Man kann mit Day Trading Geld verdienen! Aber es ist schwerer, viel schwerer als bei längerfristigem Trading.

Frage: *Ist Day Trading die schwierigste Form des Trading?*
Toby: Absolut die schwierigste. Je kürzer der Zeitrahmen, je kleiner die Erwartung, desto höher die Kosten und die Bedeutung der Gebühren. So kann man es zusammenfassen, nicht wahr?

Frage: *Ja, aber es hat lange Zeit Erfolge gebracht, und wie wir wissen, hat es auch Vorteile hinsichtlich der Risikoparameter und des Einsatzes von Kapital.*
Toby: Ja, aber wenn man von den Chancen spricht, muß man auch wissen, daß es desto schwieriger wird, je kürzer der Zeitrahmen ist, je höher die Kosten sind, und je stärker die Gebühren ins Gewicht fallen. Man muß das mit einberechnen. Das ist eine sehr klare Kalkulation dessen, womit es ein Day Trader zu tun hat.

Frage: *Was ist mit dem psychologischen Aspekt?*
Toby: Ein unabhängiger Day Trader ist fast wie ein Athlet. Man muß körperlich sehr fit sein. Man muß extrem aufmerksam sein. Man hat es mit Leuten zu tun, die extrem schnell und intelligent sind. Man begibt sich auf ein Gebiet härtester Konkurrenz, und außerdem ist man den Aktionen der Commodity-Berater, der Pool-Verwalter und der Hedge-Fund-Manager ausgesetzt. Man ist ihren Launen ausgeliefert, und so etwas ist immer eine sehr unangenehme Situation.

Um es zusammenzufassen: Ein unabhängiger Day Trader muß unglaublich flink und clever sein. Es gibt Leute, die beides sind, und das Problem ist, daß man sehr zäh sein muß, um es mit ihnen aufzunehmen. Man muß auch seine Grenzen kennen. Wer in dieser Wettkampfarena gut abschneiden will, muß neben all den anderen Voraussetzungen auch in Topform sein. Früher gab ich einen Informationsbrief für Floor Trader heraus. Was mir dabei auffiel: Wenn diese Leute den ganzen Tag über so hart arbeiten mußten wie in der ersten Handelsstunde, hielten sie sich vielleicht drei oder vier Monate lang an der Börse. Der Kräfteverschleiß ist einfach unglaublich.

Frage: *Was ist die optimale Psychologie für das Day Trading?*
Toby: Als Day Trader muß man wissen, wo man innerhalb des Zeitrahmens steht, den man sich ausgesucht hat. Man muß wissen, daß man ungeheure Energie braucht, wenn auch nicht soviel wie ein Scalper, der den ganzen Tag über intensiv auf dem Börsenpar-

kett arbeitet. Aber man braucht Intensität und die Fähigkeit, sehr genau auf das zu achten, was gerade passiert.

Frage: *Die Anstrengung beim Scalping ist körperlich und psychisch?*
Toby: Absolut. Je kürzer der Zeitrahmen ist, desto mehr Energie und Anstrengung sind erforderlich, und desto höher werden die psychischen Anforderungen.

Frage: *Wissen Sie was? Ich denke, daß die psychischen Anforderungen ebenso hoch sind, wenn man außerhalb des Börsenparketts tradet.*
Toby: Ich stimme Ihnen zu; vor allem bei unabhängigen Day Tradern. Vor allem kommt es darauf an, auf jede kleine Preisbewegung zu achten und auf jede Veränderung des Umfelds vorbereitet zu sein.

Frage: *Könnten Sie Ihre aktuelle Day-Trading-Methode beschreiben?*
Toby: Meine jetzige Methode ist mechanisch. So kann ich eher Klarheit über die Erwartungen eines unabhängigen Traders gewinnen. Ich habe das lange Zeit versucht und fand es sehr anstrengend. Es erforderte zuviel Energie.

Frage: *Ihr Computer generiert die Zahlen?*
Toby: Es läuft völlig automatisch. Die Maschine sagt mir, was ich tun soll. Ich habe das Programm entwickelt.

Frage: *Natürlich.*
Toby: Aber die Maschine beobachtet den Markt und sagt mir, wenn ein Signal auftaucht.

Frage: *Basiert das System auf etwas Bekanntem wie gleitenden Durchschnitten, Überkauft/Überverkauft-Indikatoren, Oszillatoren oder sonst etwas allgemein Vertrautem?*
Toby: Überkauft/Überverkauft halte ich für ein gutes Konzept. Je nach Definition verwende ich auch eine Kombination von Momentum, also einem kurzfristigen Trendfolge-Indikator, und einer Art Reversionssystem: Der Markt könnte steigen, wenn man verkauft hat. Grundsätzlich beachte ich zwei Dinge: Kurzfristiges Momentum und kurzfristige Trendumkehr. Das sind die beiden allgemeinen Trade-Kategorien für mein Portefeuille.

Frage: *Wie sind Sie zu dieser Methode gekommen?*
Toby: Ich habe einige Studien über Preisbewegungen nach der Handelseröffnung gelesen. Sie waren zwar nicht sehr systematisch in der Darstellung oder in den Analysen, aber sie sahen vielversprechend aus, weil sie zeigten, daß die Märkte nach Verlassen der anfänglichen Range in eine bestimmte Richtung tendieren. Das war schon immer so, und es ist ein alter Trick der Floor Trader. Die Profis achten nicht auf frühe Preisbewegungen, aber wenn ein Anstieg nach Eröffnung ein bestimmtes Ausmaß annimmt, setzt er sich in der Regel fort. Ich muß sagen, daß ich diese Sache sehr interessant und vielversprechend gefunden habe.

Frage: *Richtig.*
Toby: Das ist ein gutes Beispiel für eine Verhaltensänderung, die dadurch erfolgt, daß den Leuten ein Konzept, eine Tendenz klar wird. Die Grundidee ist also, eine Preisbewegung nach der Eröffnung zu nutzen. Man muß das vielleicht noch ein wenig modifizieren, aber es ist ein Teil des Marktverhaltens, der noch für lange Zeit gültig bleiben und funktionieren wird.

Wissen Sie, es ist eine Ironie des Markts, und ich meine, daß man darauf vorbereitet sein muß. Man muß damit rechnen, daß ein System lange Zeit nicht funktioniert. Trotzdem muß man wissen, daß das, was man hat und womit man tradet, allgemeingültig genug ist, daß es auf lange Sicht funktionieren und alle Stürme überstehen wird.

Frage: *Wie gehen Sie emotional mit Verlusten um?*
Toby: Wenn man eine Weile wirklich große Erfolge erzielt, gibt es eine Tendenz, faul zu werden oder vielleicht auch nur übermäßiges Selbstvertrauen zu entwickeln. Auch wenn man ein systematischer Trader ist, führt man seine Trades infolgedessen womöglich nicht mehr so konsequent aus. Und das wirkt sich auf die Ergebnisse aus. Vielleicht winkt man ab, wenn sich eine kleine Chance ergibt, weil man erst vor kurzem einen Volltreffer erzielt hat. Ich halte das für eine normale und verbreitete Reaktion.

Frage: *Machen Sie sich nach einer Reihe von Verlusten Sorgen und denken daran, Ihr System zu ändern?*
Toby: Ab einem bestimmten Punkt schon. Und daher halte ich das ganze auch für einen kontinuierlichen Prozeß; man muß im-

mer versuchen, das, was man tut, weiter zu verbessern. Man muß sich immer fragen, ob die Methode wirklich erfaßt, was am Markt vor sich geht, oder, in Ermangelung eines besseren Ausdrucks: wie die Realität des Markts aussieht.

Frage: *Wird das letztlich zu einer Frage des Selbstvertrauens?*
Toby: Ich setze mir bestimmte Limits, reduziere sie und so weiter. Ab einem bestimmten Punkt frage ich mich ernsthaft, was ich eigentlich tue, und natürlich akzeptiere ich es nicht, wenn ich auf Tagesbasis mehr als vier oder fünf Prozent – vom Höchststand aus gerechnet – wieder verliere. Wenn man lange Zeit kein Geld verdient, muß man sich natürlich einige Fragen stellen. Der Markt ist ein großartiger Lehrer, und wer aufmerksam ist, kann viel von ihm lernen. Wenn die Engagements nicht gut laufen, dann ist wahrscheinlich ein guter Zeitpunkt gekommen, Research zu betreiben. Das scheint wirklich viel einfacher zu sein, wenn man Geld verliert! Man muß jedoch darauf achten, daß sich das Research auszahlt und man damit die Zeit der Verluste hinter sich läßt.

Frage: *Was ist mit den Gewinnen?*
Toby: Man trainiert sich zusätzliche Aufmerksamkeit an. Wenn ich Gewinne erziele, sehe ich auf meine Kursziele und achte auf mögliche Rückschläge. In gewisser Weise habe ich die natürliche und menschliche Neigung umgedreht, bei Gewinnen Aufregung und bei Verlusten Niedergeschlagenheit zu verspüren. Das hat mir sehr geholfen.

Frage: *Ich nehme an, daß es sehr hilfreich ist, emotionale Schwankungen zu unterdrücken und gleichmütig zu bleiben, egal, ob man nun gewinnt oder verliert.*
Toby: Für jemanden, der das nicht versteht, ist es verwirrend: Wenn ich Gewinne erziele, versuche ich immer, nicht zu aufgeregt zu werden. Man muß in Gewinn und Verlust ein gewisses Maß an Gleichmut bewahren – diese Einstellung hat sich bewährt. Natürlich ist das sehr schwer.

Frage: *Das ist es in der Tat.*
Toby: Wie machen Sie es? Das ist natürlich eine der Grundsatzfragen. Jeder Trader muß auf seine ganz persönliche Weise damit fertig werden.

Frage: *Zunächst muß man erkennen, daß es sich dabei um eine Sache handelt, die Aufmerksamkeit erfordert. Viele Leute ignorieren das.*

Toby: Je länger man im Geschäft ist, desto stärker achtet man auf die emotionale Seite des Trading. Ich habe eine Familie. Es gibt Menschen, die mir wichtig sind. Ich will meine Stimmung nicht durch eine zufällige Marktbewegung beeinflussen lassen und diese menschlichen Beziehungen dadurch aufs Spiel setzen. Das erfordert Selbsterkenntnis und Disziplin. Ich spiele dann viel Schach oder gehe zum Joggen. Andere Leute betreiben Meditation und dergleichen.

Frage: *Ja, davon hört man viel.*

Toby: Es gibt offensichtlich ein physisches Element, das mit Streß und Angst verbunden ist, und das man mit ein wenig körperlicher Aktivität leicht loswerden kann. Ich habe etwas darüber gelesen, und ich denke, Bob Koppel und Howard Abell haben es geschrieben.

Habe ich nicht irgendwo gelesen, daß Trading nichts mit Aerobic zu tun hat, weil man dabei sitzt und konzentriert ist? Es ist ein intellektueller Prozeß, und es gibt dabei viel Streß, den man nicht ohne weiteres wieder los wird. Körperliche Aktivität ist ein gutes Mittel, mit dem Streß fertig zu werden, der mit dem Trading verbunden ist. Besonders beim Day Trading, wo jeder Tag sein eigener kleiner Mikrokosmos ist, halte ich fast für unerläßlich, eine körperliche Aktivität auszuüben. Man muß eine Art von Aerobic-Übung betreiben, um seine Ängste loszuwerden. Stellen Sie sich vor, Sie stecken in einem Trade, der vier oder fünf Monate dauert. Dabei sind die einzelnen Tage sicher nicht so anstrengend wie die eines Day Traders.

Frage: *Man muß viel weniger Entscheidungen treffen.*

Toby: Genau. Als Day Trader will man wahrscheinlich mehrmals pro Woche körperlich aktiv sein, einfach, um in guter Form zu bleiben.

Frage: *Ich denke, darin steckt viel Wahrheit. Warum haben die meisten Leute beim Day Trading keinen Erfolg?*

Toby: Viele Leute, die mit diesem Geschäft anfangen, sind von Wunschdenken geprägt. Sie sehen etwas, das es gar nicht gibt, nämlich eine einfache Art, Geld zu verdienen. In Wirklichkeit ist

158

es eine der schwersten Arten des Geldverdienens, die es gibt. Ich muß hinzufügen, daß eine enorme Menge von Literatur existiert, die falsch und irreführend ist. Sie schafft mehr Probleme als sie löst, besonders für Neulinge.

Frage: *Welche Art von Literatur?*
Toby: Diese Handelssysteme und Bücher über Trading. Ich denke, es ist wirklich einfach, schlechte Informationen zu bekommen. Es ist eine Industrie: Bücher, die von Leuten geschrieben werden, die keine Ahnung haben. Ich möchte jedoch sagen, daß Ihre und Bob Koppels Arbeiten wirklich gut sind. Sie sind allerdings auch echte Trader.

Frage: *Ja, das ist eines der Geheimnisse.*
Toby: Wissen Sie, das eigentliche Erfolgsgeheimnis ist, daß es eine Menge harter Arbeit erfordert. Wenn man es lange Zeit mit Erfolg tun will, dann verschwendet man besser keinen Gedanken daran, schnell eine Menge Geld zu verdienen. Die allgemeine Vorstellung vom Trading ist aber, daß man gleich einen großen Coup landet und dann wieder geht.

Frage: *Wie Sie wissen, haben Bob und ich über dieses Thema geschrieben. Die meisten von uns interviewten Trader, wenn nicht sogar alle, haben folgendes erkannt: Wenn es in unserem Geschäft ein Erfolgsgeheimnis oder eine Art Heiligen Gral gibt, dann kommt es von innen. Es hat nichts mit einem bestimmten Indikator oder einem System zu tun. Es hat damit zu tun, wie man die Märkte wahrnimmt und in den Zusammenhängen der eigenen psychischen Voraussetzungen darin agiert.*
Toby: Sie haben absolut recht.

Frage: *Wir versuchen die Leute daran zu erinnern, daß sie ihre eigenen psychologischen Abläufe verstehen müssen, um als Trader zu arbeiten.*
Toby: Ich bin völlig Ihrer Meinung.

Frage: *Welchen Rat würden Sie einem Trader geben, der zur Zeit beim Day Trading Probleme hat?*
Toby: Zunächst muß man wissen, ob Day Trading wirklich das ist, was man tun will. Es ist eine wichtige Entscheidung für das ganze Leben! Day Trading unterscheidet sich von anderen Arten des Trading, und man muß wissen, worauf man sich da einläßt. Man hat es mit harter, zäher Konkurrenz zu tun. Außerdem würde

ich dazu raten, das Trading wegen der vielen damit verbundenen Schwierigkeiten nicht allzu persönlich zu nehmen. Man muß verstehen, daß der Zeitrahmen, innerhalb dessen man mit Erfolg traden will, der schwierigste für einen Trader ist. Es ist der schwierigste Zeitrahmen der Welt.

Ein weiterer Rat für jemanden, der in den nächsten zehn Jahren oder so beständig traden will: Gehen Sie systematisch vor. Ich weiß, daß es Ausnahmen gibt. Aber wenn man sich an eine Methode und an Regeln hält, kann man sehr gut abschneiden. Wenn jemand innerhalb des begrenzten Zeitrahmens oder irgendeines anderen Zeitrahmens nicht erfolgreich ist, dann kommt er mit den Gegebenheiten dieses Geschäfts nicht zurecht oder kann sein Trading nicht managen. Innerhalb des kurzen Zeitrahmens von einem Tag passieren die Dinge sehr schnell, und man muß Entscheidungen treffen. Wenn das nicht automatisch abläuft, wenn es nicht zumindest eine Art von innerem, automatischem Prozeß gibt, dann bekommt ein Trader große Probleme, wenn es einmal knüppeldick kommt. Wer also nicht systematisch vorgehen will, sollte sein Handeln so stark wie möglich automatisieren und Regeln aufstellen, denen er folgen will. So erhält er einen Maßstab, an dem er seinen Erfolg messen kann.

Und wenn das alles geregelt ist, kommt das Research. Wenn man erst einmal die Grundregeln kennt und eine Methode hat, die man natürlich auch wieder ändern kann, wird das Marktresearch extrem wichtig. Ein Neuling kann in einem Jahr wirklich angestrengter Forschungsarbeit eine ungeheure Menge über die Märkte lernen. Viel mehr als jemand, der die Märkte nur beobachtet und sich keine Aufzeichnungen macht. Es kann fünf Jahre dauern. Research kann einen Trader weit voranbringen, und ich halte das für extrem wichtig. Und wenn man einmal eine Methode und eine funktionierende Vorgehensweise gefunden hat, muß man ihnen treu bleiben.

Frage: *Es hängt alles von der Ausführung ab, nicht wahr?*
Toby: Ja, auf das Handeln kommt es an.

Frage: *Sie haben eben etwas Wichtiges erwähnt: Auch Trader, die nicht systematisch vorgehen, müssen systematisieren, um mit dem Chaos des Markts fertig zu werden. Und wenn sie System in ihre Methode gebracht haben, müssen sie handeln.*

Toby: Wissen Sie, letzten Endes müssen wir uns selbst betrachten und fragen: Kann ich das? Glaube ich an das, was ich tue, und kann ich es tatsächlich umsetzen? Aber es geht nichts über einen guten Kurs in Statistik, viel Lektüre über das Geschehen an den Märkten und einen guten Programmierlehrgang, wenn Sie wissen, was ich damit sagen will.

Frage: *Ja, da kommt der Systemtrader in Ihnen zum Vorschein.*
Toby: Nun, das alles sind Hilfsmittel, um ein wenig schneller zu den wichtigsten Erkenntnissen zu kommen. Es handelt sich schließlich um ein unternehmerisches Geschäft, und es erfordert extrem gute Vorbereitung.

Frage: *Aber, noch einmal, was nützt das beste System der Welt, wenn man es nicht anwendet? Und noch eines: Fangen Sie mit Jogging an!*

KAPITEL 11

Mei Ping Yang

Mei Ping Yang ist Vizepräsidentin für den Fremdwährungshandel bei Goldman, Sachs & Co. in New York. Ihre Spezialität sind die Devisenmärkte.

Frage: *Könnten Sie Ihre grundlegende Trading-Methode beschreiben?*
Mei Ping: Im Grunde habe ich nur eine spezielle Methode beim Day Trading. Wenn ich Day Trading sage, dann meine ich damit meinen Trade am Anfang oder auch in der Mitte des Tages, den ich erst am Ende dieses Tages glattstelle. Mein Trade dauert in der Regel einen ganzen Tag.

Frage: *Nach welchem System traden Sie?*
Mei Ping: Es ist eigentlich nur ein sehr einfaches Fünf-Wellen-System. Ich versuche, am Ende der zweiten Welle einzusteigen und von der dritten bis zur fünften Welle im Markt zu bleiben.

Frage: *Nicht schlecht.*

Mei Ping: Es ist eine sehr einfache Methode, nichts besonders Kompliziertes, denn bei kurzfristigen Trades mag ich dergleichen nicht. Wie gesagt, es ist sehr einfach. Wenn ich den Trade nicht sehen kann, lasse ich es bleiben.

Frage: *Ist Ihre Methode im Lauf Ihrer Entwicklung als Trader komplizierter geworden oder ist sie mehr oder weniger gleich geblieben?*

Mei Ping: Ich habe immer nach einer relativ einfachen Methode gesucht, und zwar deshalb, weil ich keinen Trade eingehen will, wenn ich mich nicht sehr schnell in der Situation zurechtfinde.

Frage: *Halten Sie Positionen auch über Nacht?*

Mei Ping: Ja. Aber wenn ich kurzfristig trade, bleibe ich in der Regel nur für die Dauer eines Handelstags im Markt.

Frage: *Sie sagten, Ihr System sei recht simpel. Zählen Sie in erster Linie Elliott-Wellen?*

Mei Ping: Darauf achte ich und auch auf einige Chartmuster. In der Regel arbeite ich mit Fünf-Minuten-Charts, auf denen ich die Wellen verfolgen kann, wie ich schon sagte.

Frage: *Was ist der Schlüssel zu einem erfolgreichen System beim Day Trading?*

Mei Ping: Es geht darum, sich nur auf ein bestimmtes Muster zu konzentrieren und sich keine Gedanken zu machen, was danach geschieht. Man muß sicherstellen, daß man seine Gewinne einstreicht, wenn das Muster sich entwickelt hat, und sich nicht darum sorgen, was danach passieren könnte.

Im Devisenhandel sind die Fünf-Minuten-Charts für 30 Ticks gut. Wenn man aber zu gierig wird, bringt einen der Fünf-Minuten-Chart um.

Frage: *Bei einem so kurzen Zeitrahmen kann man also nicht gierig sein.*

Mei Ping: Das ist eine Frage der Disziplin. Wenn der Kurs das erwartete Niveau erreicht hat und die fünfte Welle abgeschlossen ist, muß man aus dem Markt gehen.

Frage: *Richtig.*

Mei Ping: Manchmal sieht es aber so aus, als gäbe es bei der fünften Welle eine Panne. Also steigt man zu früh aus.

Frage: *Für unsere Leser sollte ich erwähnen, daß Sie in erster Linie auf den Devisenmärkten agieren, die sehr volatil sind und genügend Kursbewegungen aufweisen, um dort anhand eines Fünf-Minuten-Chartbilds zu traden. Es gibt auch andere, weniger volatile Märkte. Man könnte dort zwar ebenfalls Day Trading betreiben, aber nicht so sehr mit einem Fünf-Minuten-Chart.*
Mei Ping: Genau.

Frage: *Natürlich ist der S&P der klassische Markt für den Fünf-Minuten-Chart. Dort wendet ihn jeder an. Was Sie sagen wollen, ist also quasi folgendes: Der Schlüssel zu einem erfolgreichen Trading-System ist es, nicht zu gierig zu sein, auf den Zeitrahmen zu achten, den man ausgewählt hat, und seinem eigenen Zielpunkt treu zu bleiben.*
Mei Ping: Ja. Man muß sich an seinen Zielpunkt und an seinen Zeitrahmen halten. Am wichtigsten ist wohl, daß der Trade ein automatischer Reflex ist, daß man einfach handeln muß. Der Stopp-Kurs muß natürlich festgelegt sein. Und für mich ist noch wichtig, daß ich den Gewinn einstreiche, wenn die fünfte Welle da ist. Man darf nie sagen: »Ah, ich wechsle jetzt einfach zu einem längeren Zeitrahmen« und dem Tages- oder Wochentrend folgen.

Frage: *Ja, das darf man auf keinen Fall, nicht wahr? Was meinen Sie: Warum halten es so viele Leute für unmöglich, beim Day Trading erfolgreich zu sein?*
Mei Ping: Ich denke daß viel vom persönlichen Temperament abhängt. Ich fand es sehr reizvoll, denn man macht es einfach, dann geht man nach Hause, und die Arbeit ist getan. Andererseits muß man beim Day Trading ständig auf einen Bildschirm schauen, und wenn man das nicht gerne tut, ist es nicht gerade ideal. Es erfordert sehr viel Aufmerksamkeit und Intensität.

Frage: *Viel Konzentration?*
Mei Ping: Ja.

Frage: *Wie eine richtige Arbeit?*
Mei Ping: Genau.

Frage: *Wissen Sie, meiner Meinung nach denken viele, daß Day Trading etwas Romantisches an sich hat.*
Mei Ping: Ich glaube, wie ich schon gesagt habe, daß es letzten Endes eine Frage der Persönlichkeit und des Temperaments ist.

165

Das hat auch mit meiner eigenen Persönlichkeit zu tun. Es gibt viele Leute, die im Day Trading dauerhaft sehr gut sind und Positionstrading hassen.

Frage: *Was ist Ihrer Meinung nach die angemessene psychische Einstellung zum Day Trading?*
Mei Ping: Beim Day Trading gilt ganz besonders: Wenn man sich dabei nicht wohlfühlt, sollte man es lassen. Um effektiv zu arbeiten, muß man in Bestform sein.

Frage: *Welche psychische Verfassung sollte man mitbringen?*
Mei Ping: Das wollte ich ja damit zum Ausdruck bringen: Wenn man sich erschöpft fühlt, sollte man kein kurzfristiges Trading betreiben. Manchmal fühlt man sich auch zu sicher, wenn man nicht in der richtigen psychischen Verfassung ist.

Frage: *Und was ist Ihrer Meinung nach die optimale Trading-Psychologie?*
Mei Ping: Nicht an die Vergangenheit oder an die Zukunft zu denken. Ich will damit sagen, daß man beim Trading geistig sehr präsent sein muß. Man muß im jeweiligen Augenblick traden.

Frage: *In der Zen-Gegenwart.*
Mei Ping: Und man muß entspannt genug bleiben, um eine gute Gelegenheit zu erkennen. Wenn sie kommt, muß man handeln und nicht darüber nachdenken.

Ich will damit sagen, daß es sehr wichtig ist, auch andere Dinge im Auge zu behalten, wenn man sich auf den Markt konzentriert. Das gilt insbesondere für das Day Trading. Für mich heißt das, daß ich wissen muß, was gerade passiert, während ich meine Charts und die fünfminütigen Eintrittszeitpunkte beobachte.

Frage: *Wie haben Sie Ihre grundlegende Strategie konzipiert?*
Mei Ping: Sie hat sich einfach entwickelt, weil ich erkannt habe, daß diese kleinen Fünf-Minuten-Charts das klarste Bild der fünf Wellen zeigen. Auf den Fünf-Minuten-Charts konnte ich fünf Wellen erkennen, aber ich will verdammt sein, wenn ich sie auch auf Tages- oder sogar Wochencharts erkennen kann. Ist das nicht interessant?

Frage: *Die Experten behaupten, daß die Wellen auch auf solchen Charts vorhanden sind.*
Mei Ping: Solange ich sie nicht erkennen kann, trade ich sie nicht.

Frage: *Aber auf den Fünf-Minuten-Charts sind sie zu sehen?*
Mei Ping: Für mich sind sie ganz deutlich zu erkennen.

Frage: *Das ist ohnehin so eine Art Rorschach-Test.*
Mei Ping: Ja, ich weiß. Es ist eine Frage der Persönlichkeit. So wie ich es sehe, könnten andere Leute sagen: »Ich erkenne die Wellen nicht!« Und für diese Leute sind sie auch völlig unsichtbar.

Frage: *Das ist gut. Sie wollen damit sicher betonen, daß jeder an das glauben muß, was er sieht. Er muß nur auf der Basis dessen arbeiten, was er sieht. Was andere Leute sehen könnten, zählt nicht?*
Mei Ping: Mit dieser Art der Analyse habe ich jedenfalls Erfolg.

Frage: *Ich denke, daß der Versuch, die Methoden anderer Leute anzuwenden und sie der eigenen Persönlichkeit aufzuzwingen, vielen schadet.*
Mei Ping: Ich weiß aus Erfahrung, daß das so ist.

Frage: *Und man kann auch nicht mit jedem einzelnen Trade gewinnen. Man muß also manchmal einen Verlust hinnehmen.*
Mei Ping: Oh ja, ich weiß.

Frage: *Wie gehen Sie mit solchen Verlusten um?*
Mei Ping: Manchmal hat man mehrere Verluste hintereinander. Dann sagt man sich einfach: »Na ja, statistisch gesehen kann ich den Verlust im Rahmen meines Systems verstehen.«

Frage: *Was sagen Sie dann zu sich selbst?*
Mei Ping: Ich habe inzwischen genug Zutrauen zu meinem System, um einfach anzunehmen, daß ein gewisser Teil meiner Trades nicht zu Gewinnen führt.

Frage: *Gut.*
Mei Ping: Ich weiß noch, daß ich vor kurzem eine Reihe von Verlusten hatte. Ich sagte mir: »In Ordnung. Jetzt höre ich für eine Weile mit dem Trading auf!«, denn nach einer gewissen Zeit begann ich einfach, meine Konzentration zu verlieren. Ich mußte also erst einmal aufhören, eine Pause einlegen und abkühlen, um wieder frisch zu werden.

Frage: *Und als Sie dann weitermachten?*
Mei Ping: Als ich zurückkam, fing ich klein an. In solchen Situationen nimmt man Gewinne schneller mit und tut das, was immer funktioniert hat, um sein Selbstvertrauen wieder aufzubauen.

Frage: *Für die eigene Psyche ist es immer gut, wenn man Gewinne macht.*
Mei Ping: Ja.

Frage: *Um nun zu den Gewinnen zu kommen: Wie gehen Sie damit um? Sie wissen ja, daß viele Leute ebenso große Probleme damit haben, ihre Gewinne zu managen wie Verluste hinzunehmen.*
Mei Ping: Ja, natürlich. Die Leute sagen sich, daß diese Gewinne einfach zu schön sind, um wahr zu sein; und dann gehen sie hin und betreiben finanzielle Selbstzerstörung.

Frage: *Selbst-Sabotage?*
Mei Ping: Es sind die kleinen Teufel in einem selbst. Ich habe meine eigene Methode, damit umzugehen. Wenn nach dem ersten Verlust die Hälfte oder mehr von meinen Gewinnen verlorengeht, höre ich für diesen Tag mit dem Trading auf. So bleibt auf jeden Fall mindestens die Hälfte übrig.

Frage: *Und am nächsten Tag fangen Sie wieder an?*
Mei Ping: Ja.

Frage: *Sie stellen alle Positionen glatt?*
Mei Ping: Ja. Es ist eine Frage der Disziplin, dann nichts mehr zu unternehmen.

Frage: *Mit dem Vorsatz, am nächsten Tag ausgeruht wieder anzufangen?*
Mei Ping: Ja. Es ist nur eine kleine Regel, die einem Sicherheit gibt. Sie schützt einen vor sich selbst. Es ist eine einfache Grundregel des Geldmanagements.

Frage: *Weil wir gerade darüber sprechen: Haben Sie eine spezielle Formel für Ihr Geldmanagement?*
Mei Ping: Bei mir läuft das sehr intuitiv ab. Ich beginne mit meiner normalen Position und stelle sicher, daß der Betrag, den ich trade, den Marktbedingungen angemessen ist. Ich bin mir immer darüber im klaren, wieviel ich verlieren darf. Wenn ich viel Geld verdiene, erhöhe ich den Einsatz vielleicht ein wenig. Wenn ich Verluste erleide, reduziere ich ihn natürlich entsprechend.

Aber Intuition ist für mich nicht alles. Es spielt auch der Zeitrahmen eine Rolle, innerhalb dessen ich trade. Es ist alles eine Frage der Erwartung. Wenn ich keinen Rückschlag erwarte, habe ich ein Problem. Dann weiß ich, daß ich ein Problem habe und aus dem Markt aussteigen sollte! Wenn eine solche Bewegung aber innerhalb meines Erwartungsspektrums liegt, weiß ich, daß sie eintreten wird. Die Aufwärtsbewegung will ich aber auch nicht verpassen. Also ist es für mich psychologisch vertretbar, den Verlust zu riskieren.

Es macht mich vielleicht nicht glücklich, meinen Gewinn zu verlieren, aber psychologisch liegt das zumindest im Rahmen meiner Erwartungen. So kann ich den Trade mit Gleichmut riskieren. Falls ich jedoch nicht mit einem Verlust rechne, ist es viel schwerer für mich, wenn ich mit einer Position Probleme bekomme. Vielleicht versuche ich dann nur noch, ohne Verlust auszusteigen.

Frage: *Sie wollen damit sagen, daß aus Ihrer Sicht und mit Ihrer Methode die Antizipation des Marktgeschehens von großer Bedeutung ist?*
Mei Ping: Manchmal ist der Markt so freundlich, sich genau an das Drehbuch zu halten, das man ihm geschrieben hat. Er verhält sich genau so, wie man erwartet hat.

Frage: *Genau. Das ist das allerbeste Gefühl, nicht wahr?*
Mei Ping: Natürlich. Es ist sehr befriedigend. Man sollte sich daraufhin aber nie in eine Falle begeben und sagen: »Ich bin unbesiegbar.« Ich versuche mich da zurückzuhalten. Ich lasse mir einfach vom Markt sagen, was passieren sollte. Meine Verantwortung ist es, konzentriert zu bleiben und richtig zu reagieren.

Frage: *Haben Sie bei Ihren Trades bestimmte Kursziele?*
Mei Ping: Die habe ich eher bei Rückschlägen. Ich berücksichtige, wie stark sie ausfallen könnten.

Frage: *Gut.*
Mei Ping: Ich lasse einfach die Kursbewegungen meine Erwartung kontrollieren.

Frage: *Sie beobachten also die Auf- und Abschwünge der Kurse. Und wenn sie exzessiv werden, dann ist das eine Information?*
Mei Ping: Ja. Ich beobachte, wie sich der Markt entfaltet.

Frage: *Warum haben Ihrer Meinung nach die meisten Leute Probleme mit dem Day Trading?*
Mei Ping: Der begrenzte Zeitrahmen macht es wohl schwierig für sie, mit Gewinnen und Verlusten umzugehen.

169

Frage: *Welchen Rat würden Sie jemandem geben, der derzeit Probleme mit dem Day Trading hat?*

Mei Ping: Ich würde ihm raten, zu einem wirklichen Verständnis seiner Persönlichkeit zu gelangen, um die Frage beantworten zu können: Kennst Du Dich selbst? Wenn man sich selbst kennt, ist es viel leichter, eine spezifische Strategie zu entwickeln und beim Day Trading erfolgreich zu sein.

Frage: *Es gibt Menschen, deren Temperament für das Day Trading absolut ungeeignet ist. Sie sind von ihrer Konstitution her nicht in der Lage, mit der psychischen Herausforderung fertig zu werden.*

Mei Ping: Ich habe schon immer daran geglaubt, daß es sinnvoll ist, herauszufinden, wer und was man ist. Um das zu tun braucht man aber die Gabe, es auch tun zu können. Wenn man diese Fähigkeit hat, macht man besser das, was einem leichter fällt und bleibt auch dabei. Das ist besser, als ständig mit Schwierigkeiten zu kämpfen.

Frage: *Genau.*

Mei Ping: Was ich damit sagen will: Wenn man seine eigene Persönlichkeit nicht kennt, sollte man überhaupt nicht traden, weder kurz- noch langfristig. Und wie erwähnt stellt das Day Trading noch viel höhere psychologische Anforderungen.

Frage: *Man muß also zunächst in sich selbst blicken?*

Mei Ping: Richtig. Aber noch wichtiger ist es, sich selbst zu verstehen.

Frage: *Richtig.*

Mei Ping: Beim Trading erfährt man nämlich etwas über sich selbst. Eine ganze Menge sogar, nicht wahr? Im Prinzip ist Trading eine Reise zur eigenen Persönlichkeit.

Frage: *Was müssen Trader Ihrer Meinung nach aus taktischen Gesichtspunkten anders machen?*

Mei Ping: Day Trading muß automatischer ablaufen. Wer nicht sehr automatisch agieren kann und dazu neigt, sich selbst ständig zu hinterfragen, wird Probleme bekommen. Man muß sich seiner selbst sehr sicher sein. Aus taktischer Sicht muß das alles geregelt sein, bevor man mit dem Trading beginnt.

Man muß auch ein gutes Gefühl mit dem gewählten Zeitrahmen haben, wenn man jeden Tag das gleiche tut, das gleiche sieht und auf den gleichen Märkten agiert. Bei vielen Leuten gewährleistet schon der Grad ihres Interesses auf Dauer keine sehr guten Ergebnisse. Die Arbeit wird sehr eintönig, und sie verlieren ihre Intensität und ihre Konzentration.

Frage: *Welchen abschließenden Rat würden Sie jemandem geben, der Day Trader werden will?*
Mei Ping: Es könnte falsch verstanden werden, aber ich würde sagen, daß Day Trading besser ist als jede Droge.

Frage: *Besser als was?*
Mei Ping: Als jede Droge. Ich weiß, daß das eine sehr ungewöhnliche Sichtweise ist. Aber es kann ein solcher Rausch sein, es kann so aufregend sein! Ich will damit sagen: Wenn man ein gutes System für das Day Trading hat, dann muß man ungemein automatisch handeln, um wirklich gut zu sein. Man braucht dazu Konzentration und Intensität. Man braucht eine konzentrierte und positive geistige Verfassung.

Man kann nicht Däumchen drehen, denn der Markt verzeiht nichts. Man muß jede Gelegenheit nutzen. Man darf nicht zögern; wenn man es tut, wird man vom Markt bestraft. Genau das will ich damit sagen. Es kann ungeheuer spannend sein, wenn man das richtige Temperament mitbringt.

KAPITEL 12

Bob Koppel

Bob Koppel ist Präsident des Trading-Unternehmens Innergame Partners. Zusammen mit Howard Abell hat er die Bücher »*The Innergame of Trading*« (Irwin, 1993) und »*The Outer Game of Trading*« (Irwin, 1994) geschrieben. Er ist auch der Autor des Buches »*The Intuitive Trader*« (Wiley, 1996). Bob war jahrelang Mitglied der Chicago Mercantile Exchange, wo er mit Erfolg auf eigene Rechnung getradet hat.

Frage: *Bob, wie lange haben Sie gebraucht, um eine Day-Trading-Methode zu finden, die für Sie persönlich funktioniert hat?*
Bob: Ich trade nun seit 20 Jahren, auf dem Börsenparkett und außerhalb, und ich habe jede Minute dieser 20 Jahre gebraucht, um die Fähigkeiten zu erwerben, die ich beim Day Trading anwende. Wenn man ein erfolgreicher Trader werden will, lernt man nie aus. Es ist ein Prozeß.

Wer es mit dem Trading ernst meint und wirklich erfolgreich sein will, muß lernen, daß Selbstzufriedenheit hier fehl am Platz ist. Man erreicht nie ein Niveau, auf dem man sagen kann: »Hey, ich weiß alles.« Und wenn jemand dieses Gefühl bekommt, dann würde ich ihm raten, es als ernstes Symptom zu werten. Um auf Ihre Frage zurückzukommen: Es ist etwas, an dem ich Tag für Tag arbeite, und wie Sie wissen habe ich in all der Zeit einige Stärken entwickelt. Aber es gibt auch noch einige Schwächen, und ich arbeite täglich daran. Man muß sich immer den Spiegel vor das Gesicht halten.

Frage: *Wie sah der Lernprozeß aus?*
Bob: Wie meistens im Leben reicht auch hier Talent nicht aus, sogar wenn man das Glück hat, für eine Sache von Natur aus begabt zu sein. Trading erfodert eine Menge Disziplin, harte Arbeit und die Entschlossenheit, sich weiterzuentwickeln, ganz egal welche natürlichen Neigungen oder Fähigkeiten man hat. Ganz offen gesagt fand ich es am Anfang sehr schwer, vor allem die Arbeit auf dem Börsenparkett. Wie Sie wissen, war mein jüngerer Bruder schon etwa fünf Jahre vor mir Mitglied der Börse. Als ich anfing, war er schon ein sehr erfolgreicher Trader, er handelte große Positionen und war eine bekannte Persönlichkeit auf dem Börsenparkett. Das hat meine anfängliche Frustration nur verschärft. Ich begann, indem ich immer nur einen Kontrakt tradete und habe das ein Jahr lang mit wechselndem Erfolg getan. Ich denke, daß ich in diesem ersten Jahr lediglich auf der Suche nach einer Methode war, die dauerhaft funktionieren würde.

Frage: *Können Sie noch ein wenig mehr über Ihre Erfahrungen erzählen?*
Bob: Dauerhaftigkeit ist in diesem Zusammenhang das entscheidende Wort, denn in der Anfangszeit war es nicht mein Ziel, Geld zu gewinnen, sondern kein Geld zu verlieren. Ich versuchte, so viel wie möglich zu lernen und eine dauerhaft erfolgreiche Methode zu entwickeln. So etwas erfordert eine Menge Arbeit.

Es gab Tage, an denen ich viel Geld verdiente. Es gab andere Tage, an denen ich dieses ganze Geld und noch mehr wieder verlor. Daher mußte ich etwas Dauerhaftes finden. Für mich persönlich war es von Nutzen, einen Weg zu finden, die Emotionen beim Trading auszuschalten. Es funktionierte so: Ich identifizierte bedeutende Widerstands- und Unterstützungszonen im Markt, und dann wartete ich, bis ich an diesen Punkten gute Möglichkeiten nutzen konnte.

Wenn der Markt haussierte, in eine Widerstandszone geriet und dort ins Stocken kam, oder wenn einige kleine Trader an diesen Widerstandspunkten plötzlich optimistisch wurden und große Käufe tätigten, dann war das für mich eine wichtige Information, um Short-Verkäufe in Erwägung zu ziehen. An Unterstützungspunkten war es natürlich entsprechend umgekehrt. Nach meiner Erfahrung war das eine sehr erfolgreiche Methode, weil sie dauerhaft gute Ergebnisse brachte. Der schwierige Teil war jedoch, auch wirklich entsprechend zu handeln, wenn ich solche Möglichkeiten entdeckt hatte. Eine dauerhaft erfolgreiche Methode zu finden ist die eine Sache, sie auch dauerhaft anzuwenden ist die andere. Ich mußte viele Jahre lang an meiner Trading-Psychologie arbeiten, bis ich so absolut automatisch und emotionslos handeln konnte wie heute. Wenn ich eine Möglichkeit sehe, dann ergreife ich sie ohne wenn und aber. Es ist eine entscheidende Frage der Disziplin, solche Trades automatisch einzugehen. Keine Emotionen, keine Angst, keine Selbstzufriedenheit, sondern reine Aktion ohne jeden Widerstand.

Frage: *Hat sich Ihre Methode geändert, seit Sie nicht mehr auf dem Börsenparkett arbeiten?*
Bob: Ich denke, meine jetzige Methode unterscheidet sich im großen und ganzen nicht wesentlich von der, die ich auf dem Börsenparkett angewendet habe. Man hat es natürlich mit wesentlich mehr äußeren Einflüssen zu tun, wenn man auf dem Parkett arbeitet, weil man die anderen Trader sieht. Man kennt sie. Man arbeitet Tag für Tag mit ihnen. Man kennt die Schwächen der meisten Kollegen und ihre Schmerzschwellen, an denen sie in der Regel aufgeben. Ich habe damals auf sehr subtile Dinge geachtet. Ich beobachtete die Leute und achtete auf ihre Hautfarbe. Ich schaute darauf, ob sie ein wenig schwerer schluckten als üblich. Viele Dinge sind auf dem Börsenparkett einfach leichter festzustellen als von außerhalb. Wenn ich aber einen Markt identifiziert habe, der mir chancenreich erscheint, läuft es im Prinzip darauf hinaus, zu erkennen, wo dieser Markt herkommt. Selbst beim Day Trading oder beim Trading innerhalb eines Zeitrahmens von 30 oder 60 Minuten will ich mit diesem Markt absolut und vollkommen ver-

traut sein. Ich will wissen, was dieser Markt in den vergangenen sechs Monaten gemacht hat. Was hat er in den letzten sechs Jahren gemacht, in den letzten sechs Tagen und in den letzten sechs Minuten? Wenn ich alle diese Informationen mit einbezogen habe, versuche ich herauszufinden, wie die momentane Position dieses Marktes aussieht. Ist er an einem Akkumulationspunkt? Ist er an einem Punkt in der Hauptphase dieses Marktes? Wenn er einen Aufwärtstrend zeigt, befindet er sich dann in der Hauptphase der Hausse oder im letzten Abschnitt? Macht er gerade eine Distributionsphase durch? Und so treffe ich meine Entscheidung, ob ich bei einem Einbruch oder einem Aufschwung eher kaufe oder eher verkaufe. Wenn ich zu dem Schluß komme, daß der Markt an einem Akkumulationspunkt angekommen ist, dann traue ich ihm noch viel Potential nach oben zu. Bei einem Einbruch in einem solchen Markt werde ich sicherlich nicht verkaufen. Aber auch wenn ich meine, daß ein Markt langfristig nach oben tendiert, werde ich im Fall eines Kurseinbruchs mit weit größerer Wahrscheinlichkeit verkaufen, wenn ich zu dem Urteil komme, daß er in der Endphase dieses Trends angekommen ist, als wenn ich ihn in einer Akkumulationsphase vermute. Das sind so die Dinge, auf die ich achte. Mein persönlicher Fokus ist außerdem die innere Architektur des Marktes. Auf der Grundlage der jeweils letzten Kursbewegung, des letzten Umschwungs auf Tages- oder Wochenbasis, versuche ich die nächste wahrscheinliche Gegenbewegung zu bestimmen. Die genaue Antwort auf diese Frage kennt man natürlich nie. Auf Wahrscheinlichkeitsbasis ist es so: Wenn ein Markt über lange Zeit zu Gegenbewegungen im Ausmaß von 50 Prozent tendiert hat, bis zu einem gewissen Punkt gestiegen ist und dann ein wenig verliert, halte ich die Möglichkeit einer 50prozentigen Gegenbewegung für sehr wichtig. Das gilt allgemein für die meisten Märkte. Die Unterschiede haben mit der spezifischen Persönlichkeit des Marktes zu tun. Wenn man Charts studiert, dann erkennt man, daß manche Märkte die natürliche Tendenz aufweisen, Gegenbewegungen von 50 Prozent zu vollziehen. Bei anderen sind es 30 oder 60 Prozent nach einer bedeutenden Kursbewegung. Alle diese Dinge beziehe ich in meine Trading-Gleichung mit ein.

Frage: *Können Sie uns ein wenig über die Methoden erzählen, die Sie im Lauf Ihrer Karriere angewendet haben?*

Bob: In den 20 Jahren meiner Laufbahn habe ich vieles ausprobiert. Da ich ein eifriger Leser bin, versuche ich alles aufzunehmen, was über Finanzen und Trading veröffentlicht wird. Wie heißt noch dieser Song von Cole Porter: »I've been through the mill of love?« Nun, ich bin durch die Mühle der Trading-Bücher gegangen, habe Börsendienste abonniert und Software gekauft. Das alles habe ich getan und dabei folgendes herausgefunden: Was man wirklich braucht, ist eine Methode, die für einen persönlich funktioniert, die dauerhaft gute Ergebnisse liefert und zur eigenen Persönlichkeit paßt. Das ist der Schlüssel zur Schatzkiste!

Die Strategie, die man anwendet, muß zu einem passen. Ich habe alle diese Bücher gelesen, verschiedene Trading-Systeme und die Erkennung von Kursmustern studiert, und ich habe viele Dinge einfach ausprobiert. Auf lange Sicht waren viele dieser Bücher und Systeme nutzlos. Wenn ich darüber nachdenke, bestand ihr Beitrag darin, mich zu lehren, daß man seinen Weg allein finden muß. Jeder muß herausfinden, was für ihn funktioniert. Ironischerweise waren diese Bücher und versagenden Systeme also doch sehr lehrreich und nützlich.

Frage: *Was ist der Schlüssel zu einer erfolgreichen Methode beim Day Trading?*

Bob: Der Schlüssel zum Erfolg ist bei jeder Trading-Methode eigentlich sehr simpel. Zunächst muß man ein System finden, das dauerhaft gute Ergebnisse liefert. Mit System meine ich eine Methode, eine Herangehensweise. Es kann intuitiv sein. Es kann die eigene Fähigkeit sein, gefühlsmäßig zu traden, wenn sie sich auf Dauer als erfolgreich erweist. Das ist der erste Teil. Der zweite und wichtigste Teil ist es, psychisch in der Lage zu sein, dieses System effektiv anzuwenden. Day Trading ist unendlich viel schwieriger als langfristiges Trading, und deshalb wird immer wieder darüber geschrieben, wie schwer es sei, dabei Erfolge zu erzielen. Der Schlüssel zum Day Trading ist der Umgang mit Verlusten. Wegen der zeitlichen Begrenztheit dieser Art des Tradings gibt es viele Verluste. Daher ist es erforderlich, viel öfter ein- und auszusteigen als bei längerfristigem Trading.

177

Frage: *Halten Sie es für möglich, beim Day Trading Erfolge zu erzielen?*
Bob: Ja. Man braucht dazu allerdings andere Fähigkeiten als beim längerfristigen Trading. Day Trader müssen dazu in der Lage sein, ständig Entscheidungen zu treffen, ob sie ein- oder aussteigen sollten. Erschwerend wirkt sich dabei aus, daß man ständig das Gefühl hat, von Unwichtigem behelligt zu werden. Um auf Dauer erfolgreich zu sein, muß man unterscheiden können: Was ist wichtig, was ist ein Signal, und was sind nur Nebengeräusche? Und wegen der speziellen Eigenarten des Day Trading scheint es so, als sei man die meiste Zeit von diesen Nebengeräuschen umgeben.

Man braucht wirklich eine Methode, mit der man herausfindet, welche Aspekte des Marktgeschehens entscheidend sind. Es kann eine Retracement-Methode sein. Es kann eine Methode sein, die auf starken Unterstützungen und Widerständen beruht. Sie kann auch auf gleitenden Durchschnitten oder auf nichtlinearen Indikatoren basieren.

Jedenfalls braucht man etwas, das es einem erlaubt, zwischen der momentanen Marktstimmung und dem zu unterscheiden, was wirklich dahintersteckt. Und für einen Day Trader ist das unendlich schwieriger als für andere. Wenn man aber eine funktionierende Methode gefunden hat, kann Day Trading enorm viel Geld bringen. An der North Shore von Chicago gibt es viele Häuser, die mit beim Day Trading erzielten Gewinnen gebaut worden sind. Es kann also finanziell und intellektuell lohnend sein, aber wie stets im Leben muß man eine Methode finden, die funktioniert, und zwar dauerhaft. Das ist das Wichtigste.

Frage: *Was ist die richtige Psychologie für das Day Trading?*
Bob: Aus meiner Sicht ist die Psychologie der Schlüssel zum Erfolg. Wenn man erst einmal eine funktionierende Methode hat, hängt alles nur noch von der Psychologie ab. Day Trading ist wie eine ständige Achterbahnfahrt der Gefühle, und wessen Gefühle sind das? Es sind die eigenen Emotionen! Das muß man wissen, um damit umgehen zu können. Man muß wissen, wie man damit umgeht, wenn man sich unfähig fühlt, in den Markt einzusteigen. Man muß mit der natürlichen Angst fertig werden, erzielte Gewinne wieder zu verlieren. Die Psychologie spielt dabei eine entscheidende Rolle. Wie Sie wissen, mache ich Trader immer wieder darauf aufmerksam, daß wir alle unsere natürlichen psychologi-

schen Neigungen haben. Beim Psychologie-Grundkurs im College zeigte der Lehrer Beispiele verschiedener optischer Täuschungen. Die Lehre daraus war folgende: Wir Menschen sind genetisch dazu prädisponiert, Eindrücke auf eine bestimmte Weise wahrzunehmen. In Wahrheit handelt es sich dabei um Wahrnehmungstäuschungen. Das wird meist mit einer Reihe von berühmten optischen Täuschungen demonstriert. Wir haben sie alle gesehen: Die optischen Täuschungen von Müller-Iner, Tichnor oder Helmholtz. Die bekannteste ist die mit den beiden parallel verlaufenden Linien, wobei die linke eine nach vorn gerichtete, die rechte eine nach hinten gerichtete Pfeilspitze aufweist. Der Lehrer fragt dann, welche Linie länger sei, und natürlich scheint die mit der nach vorn gerichteten Spitze länger zu sein. In Wirklichkeit sind aber beide gleich lang. Es ist unsere Neigung zur Wahrnehmungstäuschung, die uns eine Linie länger und die andere kürzer erscheinen läßt.

Neigungen und Vorurteile beim Trading hängen mehr mit Psychologie als mit Wahrnehmung zusammen. Einige von ihnen sind stark, und man muß lernen, sie zu überwinden. Ich nenne meist vier von ihnen: (1) Die Neigung zur Gewißheit, (2) die Neigung zur Kontrolle, (3) die Neigung, Schmerzen oder Verluste zu vermeiden, und (4) die Neigung zu der Annahme, daß unsere Wahrnehmung der Wirklichkeit die Dinge so widerspiegelt, wie sie tatsächlich sind.

Die erste, die mit Gewißheit zu tun hat, ist sehr wichtig, und jeder Trader sollte mit der Zeit lernen, wirksam damit umzugehen. Wir denken von Natur aus, daß wir alles wissen müssen, um mit Erfolg traden zu können. Beim Trading hat man aber nie vollständige Gewißheit. Niemand auf der Welt hat jede verfügbare Information über sämtliche Märkte. Ich erzähle manchmal diese Anekdote: Es gab nur zwei Menschen auf der Welt, die alle Fundamentaldaten des Goldmarkts und alle Faktoren kannten, die den wahren Wert des Goldes bestimmen. Und der eine spekulierte auf steigende, der andere auf fallende Goldpreise. Der wichtige Punkt ist, daß man bezüglich eines Markts nie Gewißheit erreichen kann, und als Day Trader muß man das verstehen.

Psychologisch wird die Sache dadurch erschwert, daß man so handeln muß, als habe man Gewißheit, obwohl man sie nicht hat. Man muß aus einem Gefühl der Gewißheit und des Selbstver-

179

trauens handeln. Und man muß sich darüber klar werden, daß man keine Gewißheit braucht. Es hört sich fast wie eine Zen-Weisheit an: Wenn du merkst, daß du nicht wissen mußt, wirst du wirklich wissen. Zu diesem Punkt kommt man aber nur, wenn man sich sehr gewissenhaft mit dem Thema auseinandersetzt. Wieviel Gewißheit kann man je erlangen? Sie erstellen zum Beispiel eine technische Analyse des Britischen Pfunds für einen Day Trade, und es sieht aus wie die beste Baissespekulation der Welt. Nichts weist darauf hin, daß dies die falsche Entscheidung sein könnte. Es gibt eine wichtige Unterstützung, und auch die gleitenden Durchschnitte und der ADX sprechen für den Trade. Die Statistiken obendrein. Alles paßt zusammen. Sie fühlen sich sicher: Es ist die beste Baissespekulation der Welt. Und dann beschließt George Soros, 100 Millionen britische Pfund zu kaufen. Werfen Sie Ihre Indikatoren aus dem Fenster! Man kann nie Gewißheit haben!

Die nächste psychologische Falle betrifft die Kontrolle. Man kann den Markt nicht kontrollieren. Für viele Trader ist es psychologisch sehr schwierig, das zu akzeptieren, denn auf fast allen anderen Gebieten hat Erfolg mit Kontrolle oder Beeinflußung zu tun. Wir passen unsere äußere Umgebung unseren Vorstellungen an. Zum Beispiel hinsichtlich dessen, wer wir sind, wie wir aussehen, wo wir leben und mit wem wir Kontakt haben. Wir manipulieren unsere Umgebung ständig, um sie unseren inneren Vorstellungen anzupassen. Beim Trading ist das unmöglich! Man kann es nicht kontrollieren. Kontrolle erlangt man nur, wenn man feststellt, daß man keine Kontrolle über die äußere Umgebung benötigt. Man muß nur die inneren Impulse kontrollieren, innere Widerstände überwinden und effektiv seine Methode anwenden.

Die andere Neigung, über die ich gesprochen habe, ist die natürliche Abneigung gegen Schmerz oder, beim Trading, das Erleiden von Verlusten. Wir alle hassen es von Natur aus, zu verlieren, aber beim Trading muß man manchmal verlieren, um erfolgreich zu sein. Man muß also verstehen, daß ein Verlust absolut kein Unglück ist; er gehört dazu. Er kommt beim Trading nun einmal vor, und alle großen Trader haben eines gemeinsam: Sie können verlieren. Das ist also ein weiterer psychologischer Aspekt, mit dem man fertig werden muß.

Der letzte Aspekt ist wirklich der schwerste: Es handelt sich um

180

ein rein psychologisches Thema, und es hat mit dem individuellen Glaubenssystem zu tun. Je mehr man tradet und je mehr Geschick man dabei entwickelt, desto stärker merkt man: Alles, was man tradet, ist das, was man von sich glaubt, und was andere einen gelehrt haben, von sich zu glauben. Man muß sich also wirklich den Spiegel vorhalten und sagen: »Hey, das ist es, was ich von mir glaube. Einiges davon wird mich zu einem großartigen Trader machen, aber anderes wird gegen meinen Erfolg arbeiten.«

Ein Trader kann glauben, daß er zu wenig weiß oder nicht genug Kapital hat. Verdammt, vielleicht hat er ja recht! Er denkt vielleicht an einen Leerverkauf, hat aber Angst, daß jemand wie George Soros als großer Käufer auftritt. Oder es fehlt ihm an Gewißheit, und er meint, er brauche diese Gewißheit, um traden zu können. Oder er hat Angst vor einem Verlust. Wie ich schon sagte: Um beim Trading erfolgreich zu sein, muß man Verluste erleiden und sie hinnehmen. Der Verlust beim Trading ist kein Unglück, kein Zufall, er ist ein natürliches und notwendiges Nebenprodukt. Wer gut traden will, wird viele Verluste hinnehmen müssen, und wegen der zeitlichen Begrenztheit sind es beim Trading noch mehr als bei längerfristigem Trading.

Alle diese Faktoren, die mit dem zu tun haben, was der Trader von sich selbst glaubt, werden seine Fortschritte entweder beschleunigen oder seine Performance drastisch behindern – mit katastrophalen Ergebnissen.

Frage: *Was tun Sie, wenn Sie mehrere Verluste hintereinander erleiden?*
Bob: Wie gesagt: Niemand verliert gern, aber um effektiv zu traden, muß man psychologisch auf Verluste vorbereitet sein.

Verluste sind ein sehr kompliziertes Thema. Ich muß oft lachen, wenn ich Trading-Bücher lese. Man kann ein 300 Seiten starkes Buch über eine bestimmte Methode der technischen Analyse durcharbeiten, und stößt nirgends auf die Buchstaben: V-E-R-L-U-S-T. Das finde ich sehr seltsam, denn Verluste sind beim Trading so wichtig! Vielleicht sollte man den ganzen Vorgang Traden/Verlieren nennen, denn Verluste sind solch ein integraler Bestandteil des Tradings. Man kann beides einfach nicht voneinander trennen.

Alle großen Trader können verlieren. Sie wissen, wie man mit Risiken und Verlusten umgeht. Sie wissen auch, daß Verluste nie außer Kontrolle geraten, wenn sie gut gemanagt und begrenzt

181

werden. Was sie an den Märkten auch tun, ob sie gewinnen oder verlieren, erweist sich im Lauf der Zeit als Erfolg im Rahmen eines viel größeren Trading-Prozesses. Hey, darüber könnten Sie eigentlich ein Buch schreiben! Ich habe es schon getan.

Frage: *Und was ist mit den Gewinnen?*
Bob: Das Thema Verlust ist zwar sehr kompliziert, aber einen Gewinn einzustreichen ist viel schwieriger. Es gibt viele Leute, die in der Lage sind, an einem bestimmten Punkt zu kaufen und einen Stopp-Kurs zu setzen. Wenn sie aber einen Gewinn erzielen, dann streichen sie ihn so schnell ein, daß sie es dem Trade niemals erlauben, so richtig profitabel zu werden. Man muß verstehen, was die Märkte antreibt. Es gibt ein Klischee, das wir schon oft gehört haben: Die Märkte werden von Gier und von Angst getrieben.

Meines Erachtens werden die Märkte nur von Gier bewegt. Allerdings manifestiert sich diese Gier in Form von Angst oder Hoffnung: Angst vor Verlusten und Hoffnung auf Gewinne. Was das Trading betrifft, ergibt sich daraus aus psychologischer Sicht das Problem, daß die Leute von diesen beiden Emotionen in einer Weise beeinflußt werden, die sich negativ auf ihre Ergebnisse auswirkt. Wenn ein Trade nicht so läuft wie erwartet, hofft oder wünscht man sich, daß sich die Marktrichtung ändert. Also erleidet man einen viel größeren Verlust, als er entstanden wäre, wenn man das Risiko ohne dieses Gefühl der Hoffnung exakt begrenzt hätte. Andererseits: Wenn der Trade die Erwartungen erfüllt und die ursprüngliche Markteinschätzung bestätigt, dann hat man Angst, daß man den einmal erzielten Gewinn vielleicht teilweise wieder abgeben muß. Die Furcht führt dann dazu, daß man zu früh aus dem Trade aussteigt.

Für mich hat es sich als sehr erfolgreich erwiesen, mich dazu zu disziplinieren, diese beiden Emotionen gegeneinander auszutauschen, wenn sie auftreten. Heute funktioniert das fast automatisch, wenn ein Trade gegen mich läuft: Ich sehe Angst, ich höre Angst, ich empfinde Angst und ich stelle den Trade sofort glatt. Ich bleibe keinen Sekundenbruchteil länger als nötig in diesem Trade, denn ich fürchte, daß er, nach meinen technischen Parametern, nicht das gewünschte Resultat bringen wird. Ich will nicht wünschen oder hoffen, daß sich die Marktrichtung dreht. Ich will nur von der Angst beeinflußt werden, daß ich mich geirrt habe, denn ich irre mich oft!

Wenn der Trade aber wie gewünscht verläuft, dann erlaube ich der Angst nicht, mich aus dem Trade zu locken, bis ich denke, daß es nun an der Zeit ist, den Gewinn einzustreichen. Die einzige Emotion, die ich mir in einer solchen Situation erlaube, ist Hoffnung, Vertrauen – oder vielleicht ist Glaube das richtige Wort. Der Glaube an meine technischen Fähigkeiten, diesem Trade zu gestatten, sein ganzes Potential auszuschöpfen.

Frage: *Warum sind die meisten Leute beim Day Trading weniger erfolgreich als sie sein wollen?*

Bob: Die Furcht vor Verlusten ist ein wichtiger Faktor. Wenn die Leute beim Trading Geld verlieren, dann wird daraus mehr als nur ein Trading-Verlust. Das ist mit vielen psychologischen Assoziationen verbunden. Wenn eine Traderin nicht das richtige Temperament für das Day Trading hat und drei, vier oder sieben Verluste hintereinander erleidet, dann erinnert sie sich vielleicht daran, was Onkel Harry über sie gesagt hat: »Sie wird immer eine Versagerin bleiben.« Diese Emotionen beginnen uns zu überwältigen, und diese Assoziationen von Versagen und Verlusten in der Vergangenheit bringen uns dazu, eine Verbindung zwischen unseren Trading-Verlusten und unserer Persönlichkeit herzustellen. Das kann sehr negativ und zerstörerisch sein; in psychologischer Hinsicht ebenso wie im Hinblick auf die Trading-Ergebnisse.

Trading hat viel mit Sport zu tun. Denken Sie an die psychologische Einstellung, die man braucht, um sportliche Erfolge zu erzielen. Denken Sie daran, wie Sie einmal beim Sport eine herausragende Leistung geschafft haben und an ihre psychologische Einstellung von damals. Wie war sie? Wie fühlten Sie sich? Wäre diese tolle sportliche Leistung möglich gewesen, wenn Sie sich lausig gefühlt hätten? Kann man auf dem Football-Feld eine herausragende Vorstellung bieten, wenn man sich für einen Waschlappen und einen Verlierer hält? Niemals! Und das gilt auch beim Trading. Man muß sich zu einer inneren Einstellung zwingen, die ständig zu Top-Resultaten führt. Das erfordert eine Menge harter Arbeit. Man muß in der Tat mehr an sich selbst als an den Märkten arbeiten. Aber natürlich muß man die Märkte kennen. Mit allem, was man tradet, muß man völlig vertraut sein. Man muß seine

Hausaufgaben machen. Das ist kein Spiel für Möchtegerns. Man tritt gegen die klügsten Köpfe der Welt an. Aber all die technische Analyse und die intellektuelle Vorbereitung, die das Trading erfordert, sind trotzdem nicht genug. Man braucht eine psychische Einstellung und ein emotionales Temperament, die es einem erlauben, das Spiel voll und ganz zu spielen. Man kann nicht spielen, um nicht zu verlieren; man muß immer spielen, um zu gewinnen.

Frage: *Was würden Sie jemandem raten, der beim Day Trading Probleme hat?*

Bob: Das erste klingt eigentlich selbstverständlich: Man muß daran glauben, daß man beim Day Trading Gewinne erzielen kann. Es gibt viele Leute, die Woche für Woche, Monat für Monat gute Ergebnisse erzielen und mit Day Trading Geld verdienen. Man muß an diese Möglichkeit glauben. Wer nicht daran glaubt, der sollte ganz einfach kein Day Trading betreiben. Zweitens muß man daran glauben, daß man ein funktionierendes System hat. Dazu muß man eine Methode finden, die über einen langen Zeitraum beständig funktioniert, basierend auf einer bewährten Methodologie, gutem Risikomanagement und einer vernünftigen Erfolgswahrscheinlichkeit. Und man muß die Methode testen. Statistisch gesprochen muß man herausfinden, ob das System zuverlässig ist. Das ist der zweite Punkt.

Drittens muß man an sich selbst arbeiten. Man muß sich für die Arbeit an der eigenen Psyche ebenso viel Zeit nehmen wie für die Arbeit an den Charts. Für viele klingt dieses Konzept sehr abstrakt. Sie denken: »Warum soll ich an mir selbst arbeiten? Alles, was ich brauche, ist eine funktionierende Trading-Methode. Ich muß mich nur mit meinem Chart vertraut machen.« Aber alle technische Analyse der Welt wird ihnen nicht dabei helfen, ihre Angst vor dem Trading oder all die anderen Befürchtungen und Ängste zu überwinden, von denen wir gesprochen haben.

Es gibt also drei Faktoren: (1) Man muß daran glauben, daß dieses ganze Unternehmen Day Trading zum Erfolg führen kann und wird. (2) Man muß eine eigene, funktionierende Methode entwickeln. (3) Man muß ständig und sorgfältig an sich arbeiten.

Das ist wie Bodybuilding: Man kann es nicht nur einmal machen und dann erwarten, daß man tolle Muskeln bekommt. Man muß es kontinuierlich tun. Das Gute dabei: Trading ist unglaublich lohnend. Man lernt nicht nur eine Menge über die Märkte, sondern auch über sich selbst. Auch solche Dinge, die man eigentlich gar nicht wissen wollte! Aber ich kann Ihnen sagen: Wenn Sie das mitbringen, was Sie brauchen, ist Trading finanziell wie psychologisch eine ungemein bereichernde Erfahrung. Trading ist der ultimative Trip, aber man braucht dazu das richtige Temperament und muß bereit sein, den Preis zu zahlen. Es ist ein hoher Preis. Ein schmerzhafter Preis. Aber, mein Gott, etwas Besseres gibt es nicht!

KAPITEL 13

Newell Stevens

Newell Stevens (ein Pseudonym) ist ein langjähriges Mitglied der Chicago Mercantile Exchange. Er leitet eine Clearing-Firma, die sich auf den Eigenhandel mit landwirtschaftlichen Produkten spezialisiert hat. Er gehört zu den wichtigsten Händlern im Agrarsektor der Chicago Mercantile Exchange. Er hat darum gebeten, anonym zu bleiben, weil dies sein erstes öffentliches Interview ist.

Frage: *Was ist Ihre grundlegende Methode beim Day Trading?*
Newell: Zunächst habe ich eine langfristige Philosophie und eine Perspektive. Davon gehe ich aus, aber ich halte nicht ständig langfristige Positionen. Mit anderen Worten: Ich baue eine Position auf, und dann trade ich mit ihr. Ich trade sie ganz oder teilweise, zu jedem beliebigen Zeitpunkt, wenn ich meine, daß der Markt kurzfristig die Richtung wechseln wird. Es ist eine Technik für Risikomanagement, die ich entwickelt habe, um die Rückschläge langfristiger Trades nicht mitmachen zu müssen.

Frage: *Könnten Sie uns das ein wenig genauer beschreiben?*

Newell: Nehmen wir an, ich habe eine Position aufgebaut, weil ich mit steigenden Preisen rechne. Vielleicht nehme ich Gewinne mit, aber falls nötig kaufe ich die Position höher wieder zurück, wenn ich sie nicht so wieder kaufen kann, wie ich will. Ein Beispiel: Ich bin langfristig optimistisch und kaufe einen Markt bei 40 Dollar, weil ich mit einem Anstieg bis 50 Dollar rechne. Wenn es aber einen schnellen Anstieg bis 44 Dollar gibt, nehme ich einen Teil der Gewinne mit. Bei einem kleinen Rückschlag kaufe ich zurück, zur Not aber auch höher. Wenn ich an den Fundamentaldaten oder am Marktgeschehen etwas bemerke, das mich mißtrauisch macht, gehe ich kurzfristig aus dem Markt. Das verläuft sehr intuitiv. Ich mache es gefühlsmäßig. Wenn ich bei einer Sache kein gutes Gefühl habe, steige ich aus. Ich sitze nicht da und halte eine Position, mit der ich mich unwohl fühle.

Frage: *Auch wenn Sie über die langfristige Tendenz eine feste Überzeugung haben?*

Newell: Ja. Wenn ich von einem kurzfristigen Markteinfluß höre, der mir nicht gefällt – ich glaube nämlich, daß der Markt immer recht hat –, dann steige ich aus, weil ich mir sage, daß ich jetzt ganz bestimmt nicht einsteigen würde. Und wenn ich nicht einsteigen würde, dann ist es ein guter Zeitpunkt, um auszusteigen. Ich tue das nicht nur für mich, sondern auch für meine Kunden. Und sie müssen die vollen Gebühren bezahlen. Aber langfristig war ich damit erfolgreich und habe für meine Kunden gutes Geld verdient. Die Gebühren interessieren mich nicht.

Frage: *Viele Leute haben in solchen Situationen Angst, falsch zu liegen und Gewinne zu verpassen, weil sie nicht einsteigen. Haben Sie eine Methode, die Sie dazu zwingt, automatisch wieder einzusteigen?*

Newell: Ja, aber darüber denke ich nie nach. Manchmal hat man ja recht. Ich mache nicht die ganze Marktbewegung mit, weil ich ein- und aussteige. Manchmal hole ich aber auch mehr heraus, weil der Markt zurückfällt, nachdem ich verkauft habe. Nach einem solchen Rückschlag kann ich meine Position billiger zurückkaufen als ich sie verkauft habe. Wie erwähnt, kaufe ich sie notfalls auch teurer zurück, wenn es so aussieht, als sei der Verkauf ein Fehler gewesen. Das kümmert mich überhaupt nicht. Meine Methode hat sich über einen sehr langen Zeitraum als sehr erfolgreich erwiesen.

188

Frage: *Haben Sie schon immer mit dieser Methode getradet?*
Newell: Ich habe schon viele Methoden angewendet, aber diese war für mich die erfolgreichste. Ich habe auch schon versucht, nur eine Position aufzubauen und nichts daran zu ändern. Aber auch wenn ich richtig lag fand ich diese Methode für mich nicht optimal. Ich sagte ja schon, daß ich Rückschläge nicht aussitzen mag. Mein System erlaubt es mir, die Möglichkeit solcher Rückschläge zu meinem Vorteil zu nutzen. Und so betreibe ich Day Trading, um aus meiner langfristigen Markeinschätzung das Maximum herauszuholen.

Wenn der Markt natürlich voll in die gewünschte Richtung läuft, dann halte ich die Position, um davon so stark wie möglich zu profitieren.

Das Wesentliche meiner Methode ist folgendes: Ich verwende Day Trading, um die natürliche Bewegung des Markts auszunutzen, während er in die ursprünglich von mir erwartete Richtung tendiert. Ich beobachte die kurzfristigen Bewegungen und warte auf eine gute Einstiegschance. Wenn mir der Markt schwer zu schaffen macht, steige ich aus, egal, wie gut eine Nachricht ausgefallen sein mag. So kann ich dem Markt ein oder zwei Tage Pause gönnen und dann, wenn sich die Lage geändert hat, wieder einsteigen. Dabei interessiert es mich nicht, ob ich zu einem höheren oder tieferen Kurs kaufe.

Frage: *Sie verwenden Day Trading wirklich als Methode, um von den natürlichen Marktschwankungen zu profitieren?*
Newell: Wenn ich auf dem Markt für Schweine eine Preisbewegung von zehn Dollar erwarte, und dieser Markt bewegt sich oft in Preisschwüngen von zehn Dollar, dann steige ich in der Zwischenzeit vielleicht 30mal oder noch öfter ein und aus.

Frage: *Und so können Sie aus dem Trade sogar 15 Dollar statt zehn Dollar herausholen?*
Newell: Genau. Vielleicht aber auch nur sieben Dollar.

Frage: *Aber Sie fühlen sich mit Ihrer Methode wohler. Sie achten vor allem auf Fundamentaldaten; verwenden Sie auch technische Indikatoren?*
Newell: Ja.

Frage: *Gibt es dabei Geheimnisse, die Sie mit uns teilen möchten?*
Newell: Nein, die habe ich nicht. Wie Sie schon sagten, bin ich ein fundamentaler Trader, aber ich achte auch stets auf die technischen Aspekte des Markts, vor allem auf gleitende Durchschnitte und dergleichen. Aber das ist auch alles. Eventuell achte ich noch auf technische Kursziele.

Frage: *Sie sind ein Fundamentalist, der Day Trading betreibt. Sollen wir Ihnen wirklich glauben, daß Sie nicht ein ganzes Arsenal von hochentwickelten technischen Indikatoren benutzen?*
Newell: Ich achte nicht auf solche Dinge. Ich beachte die gleitenden Durchschnitte. Der Zehn-Tages-Durchschnitt der Schweinepreise ist ein Indikator, den ich für wichtig halte. Bei einer starken Bewegung tendiert der Markt dazu, sich nicht zu weit von diesem Durchschnitt zu entfernen, sondern zurückzukommen und ihn noch einmal zu testen. Also beobachte ich ihn ein wenig. Aber das war es auch schon. Ich betreibe wie gesagt kurzfristiges Trading auf Basis eines langfristigen Ansatzes.

Frage: *Was ist der Unterschied zwischen Ihrer Methode und der eines echten Langfrist-Traders?*
Newell: Ich denke, die meisten fundamentalen Langfrist-Trader beobachten das Tagesgeschehen nicht so genau wie ich. Aber aus meiner Sicht war das der Schlüssel zu meinem Erfolg. Ich sehe mir die neuesten Nachrichten fast stündlich an, und ich übergehe keine Information, die sich kurzfristig auf den Markt auswirken könnte.

Frage: *Es ist interessant, daß Sie auf das Tagesgeschehen nicht nur achten, sondern gelernt haben, davon zu profitieren und sich immer auf das Wesentliche zu konzentrieren. Ihre Methode ist ziemlich einzigartig.*
Newell: Ich trade kurzfristig fundamentale Tagesnachrichten.

Frage: *Und Sie sind sich stets der allgemeinen Marktsituation bewußt?*
Newell: So ist es. Ich habe langfristige Ziele. Meine Perspektive bezieht sich auf drei, vier oder sechs Monate. Ich steige Dutzende von Malen ein und aus. Ich sollte noch hinzufügen: Der wichtigste Grund, warum ich so trade, ist die Größe meiner Positionen. Ich häufe sehr große Positionen an und tendiere dazu, entweder ganz im Markt zu sein oder auszusteigen.

Frage: *Sie liegen also mit hohem Einsatz entweder richtig oder falsch?*
Newell: In der Regel baue ich die ganze Position auf einmal auf. Wenn ich 700 oder 800 Kontrakte haben will, kaufe ich sofort, und beim Ausstieg läuft es genauso.

Frage: *Und Ihr Day Trading verläuft rein gefühlsmäßig?*
Newell: Ja. Früher konnte man auf diese Weise 1200 bis 1500 Kontrakte traden. Heute verkraftet der Markt solche Stückzahlen nicht mehr, oder nur an manchen Tagen, wenn er richtig in Schwung kommt. Aber wegen der gegenwärtigen Marktstruktur kann ich nicht mehr in so großem Stil traden wie früher.

Frage: *Aber das Konzept ist noch das gleiche?*
Newell: Ja.

Frage: *Was geht Ihnen durch den Kopf, kurz bevor Sie Ihre Position aufbauen? Führen Sie ein Gespräch mit sich selbst?*
Newell: Ja.

Frage: *Worüber?*
Newell: Bleib aufmerksam, sage ich zu mir, achte auf die Nachrichten. Wenn der Markt die Nachricht kennt, reagiert er dann angemessen? Was habe ich für ein Gefühl?

Frage: *Wenn Sie mit einer schwächeren Eröffnung rechnen, auf die eine Rallye folgt, und Ihre Erwartung trifft nicht zu, dann steigen Sie aus?*
Newell: Ja. Sagen wir, die Nachricht war gut, und der Markt sollte steigen, um 30 Punkte, 50 Punkte oder dergleichen. Und nun eröffnet der Markt schwächer. So etwas gefällt mir gar nicht, denn es bedeutet, daß viele ihre Käufe schon getätigt haben. Auf Märkten, die ich nicht so gut kenne, handle ich genauso.

Über die Lebendvieh-Märkte weiß ich viel mehr als über Getreide, aber ich trade auf die gleiche Weise. Auch bei Getreide trade ich sehr große Positionen. Ich mache es genauso. Entweder bin ich drin oder draußen. Über Getreide habe ich nicht mehr Spezialwissen als jeder andere auch. Also achte ich auf den Markt und darauf, ob er sich so bewegt, wie er es tun sollte. Wenn ich einen warnenden Hinweis bekomme, steige ich aus.

Frage: *Sie sagten, daß Sie für Ihre Kunden ebenso traden.*
Newell: Ja, genauso. Ich sehe es so: Solange ich für meine Kunden Geld verdiene, zahlt jemand anders die Gebühren. Ich rate Ihnen

immer, darauf zu achten, wieviel sie am Ende des Jahres verdient haben. Also wieviele Prozent Gewinn sie mit ihrem Investment erzielt haben.

Frage: *Wie geht es Ihnen, wenn der Markt ein kleines Top bildet und dann am nächsten Tag um 100 Punkte höher eröffnet? Wie gehen Sie psychisch mit so etwas um?*

Newell: Damit habe ich keine Probleme. Natürlich ärgert man sich ein wenig, wie es jeder tut, aber es ist keine große Sache. Ich habe in solchen Situationen auch schon 100 Punkte teurer gekauft. Ich habe den Markt durch meinen Einstieg am nächsten Tag um 100 Punkte hochgetrieben. Das kümmert mich nicht im geringsten. Wenn ich ein schlechtes Gefühl habe, lasse ich den Markt wieder fallen. Jeder sagt: »Du machst den Markt kaputt!« Nein. Ich mache, was der Markt mir sagt und setze ihn auf »Limit Down«. Schließlich bin ich nicht der einzige Marktteilnehmer. Wenn es richtig ist, zu kaufen, dann kaufe ich, und wenn es Zeit wird zu verkaufen – auf Wiedersehen!

Frage: *Disziplin ist anscheinend sehr wichtig für Sie. Wenn es Zeit zum Einstieg ist, kaufen Sie.*

Newell: So ist es.

Frage: *Und wenn Sie falsch liegen?*

Newell: Ich steige genauso schnell wieder aus wie ich eingestiegen bin.

Frage: *Aber wirkt sich die Tatsache, daß Sie nach kurzen Swings suchen, nicht auf die Art Ihres Markteintritts aus? Vielleicht zahlen Sie 100 Basispunkte mehr.*

Newell: Dann denke ich, daß der Markt noch weiter steigen wird.

Frage: *Also der Beginn einer weit größeren Bewegung als ein Swing über einen oder zwei Tage?*

Newell: Ich nehme an, daß es weiter nach oben gehen wird. Aber noch einmal: Ich versuche, kurzfristige Bewegungen zu meinem Vorteil zu nutzen, und ich errechne vorher, ob der Markt die Größe meiner Position verträgt.

Frage: *Was würden Sie jemandem raten, der Ihre Methode nachahmen will?*

Newell: Wenn jemand dieser Philosophie folgt, muß er Gewinne und Verluste in der gleichen Weise akzeptieren. Es gibt zuviele Leute, die gern kurzfristig traden, und sie machen aus Day Trades, die im Verlust stehen, längerfristige Positionen.

Einen Gewinn kann jeder einstreichen. Man muß aber wissen, wie und wann man eine Verlustposition glattstellen soll. Der Markt bewegt sich oft nicht so, wie man es sich wünscht. Dann sollte man die Position natürlich aufstocken, denn sie ist immer noch in Ordnung, und man hat die Chance, den Einsatz auf einem günstigeren Niveau zu erhöhen.

Frage: *Wenn der Markt gegen Sie läuft?*

Newell: Ja. manchmal ist das die richtige Zeit, um den Einsatz zu erhöhen, aber man muß wissen, wie es geht. Solange ich der Überzeugung bin, daß ich richtig liege, und ein ungewöhnlicher Einfluß bewirkt, daß die Position nicht läuft wie erwartet, dann nutze ich das aus und erhöhe den Einsatz. Wenn ein Markt aber plötzlich wegbricht, dann steige ich sofort aus. Um diese Unterscheidung treffen zu können, braucht man jahrelange Erfahrung. Versuch und Irrtum!

Frage: *Benutzen Sie jemals einen Computer zur Bestimmung Ihrer Einstiegspunkte?*

Newell: Nein, niemals.

Frage: *Alle Ihre Entscheidungen hängen also davon ab, was Sie »fühlen«?*

Newell: Genau. Und dabei hängt sehr viel von meinen Langfristerwartungen und auch davon ab, wie der Markt meiner Ansicht nach auf kurzfristige Einflüsse reagieren sollte.

Frage: *Es läuft also ungefähr darauf hinaus, ob Sie gegenüber dem Markt ein gutes Gefühl haben oder nicht. Welchen Rat würden Sie jemandem geben, der ein erfolgreicher Kurzfrist-Trader werden möchte?*

Newell: Wer kurzfristig tradet, um kurzfristig Gewinne zu erzielen, muß sicherstellen, daß auch seine Verluste »kurz« sind. Das ist der wichtigste Punkt, und genau so muß man traden. Ich mache es so.

193

Frage: *Die Verluste müssen also klein sein?*
Newell: Ja. Ich sage nicht, daß Gewinne und Verluste gleich hoch sein müssen, aber die Einstellung des Traders muß beiden gegenüber gleich sein. Wer kurzfristige Gewinne erzielen will, muß Verluste schnell glattstellen.

Frage: *Bereiten Sie sich in der Nacht vor dem Trade vor?*
Newell: Man kann ja nicht nur dasitzen und um Gewinne beten!

Frage: *Da haben Sie Recht.*
Newell: Wissen Sie, zu viele Leute hoffen, beten, wünschen, träumen oder schauen zurück. Das darf man einfach nicht tun.

Frage: *Vieles, was Sie tun, läuft intuitiv ab. Sie reagieren auf die Hinweise, die der Markt Ihnen gibt.*
Newell: Ja, und auf Nachrichten, die den Markt betreffen.

Frage: *Denken Sie, daß Ihre Vorgehensweise sich von der eines Traders unterscheidet, der auf einen längeren Zeitrahmen achtet?*
Newell: Oh ja, absolut. Zum Teil ist das darauf zurückzuführen, daß ich auf dem Börsenparkett tätig war. Wenn man dort arbeitet, tendiert man dazu, kurzfristiger zu traden. Viele traden langfristig, weil Sie nicht auf dem Börsenparkett tätig sind. Jetzt bin ich auch nicht mehr dort, aber ich habe die Mentalität eines Parkett-Traders beibehalten. Das ist wohl der wichtigste Unterschied.

Frage: *Wenn man auf dem Parkett tätig ist, muß man aber kein Scalper sein.*
Newell: Ja, natürlich, aber wer seine Erfahrungen auf dem Parkett gemacht hat, entwickelt eine bestimmte Mentalität. Ich trade kaum noch auf dem Parkett. Ich trade für meine Kunden mit der gleichen Mentalität wie für mich selbst, und sie ist der eines Parkett-Traders sehr ähnlich.

Frage: *Wie verwenden Sie Charts?*
Newell: Chartlesen ist nicht meine Stärke. Trotzdem halte ich viel von ihnen. Ich sehe nach, woher ein Markt kommt und wohin er sich vielleicht bewegen könnte. Ich achte auf die gleitenden Durchschnitte; wo sie liegen, und wo das Geld steckt, wer das Geld hat. Haben die Bullen oder die Bären das Geld? Das ist schon alles.

Frage: *Treffen Sie manchmal auf Leute, die gute Ideen haben, sie aber nicht ausführen können?*
Newell: Die nicht traden können? Absolut! Sie können sich nicht einmal aus einer Papiertüte heraustraden, aber sie haben gute Ideen und ein gutes Gefühl für den Markt. Sie können einfach überhaupt nicht traden!

Frage: *Woran liegt das?*
Newell: Nicht jeder kann ein Trader sein. Sie wissen einfach nicht, wie man den Schuß abfeuert. Sie können es einfach nicht. Und das liegt nicht unbedingt am Geld; diese Leute haben vielleicht alles Geld der Welt, aber sie können nicht traden. Es ist ja auch nicht einfach. Wie ich schon sagte: Es ist eine Frage der Mentalität.

Frage: *Ja, es muß nicht mit Geld zusammenhängen.*
Newell: Wir beide kennen solche Leute und können ihre Namen nennen. Sie haben gute Ideen, aber sie können nicht traden.

Frage: *Genau.*
Newell: Oder sie haben eine Idee, und genau dann, wenn der Markt sich so zu bewegen beginnt, wie sie prognostiziert hatten, vollziehen sie schon wieder die Wende. Ich kenne solche Leute und Sie sicher auch.

Es läuft also darauf hinaus: Man kann eine Idee haben, aber dann muß man zur Tat schreiten. Man kann eine gute Risikokontrolle haben, aber man muß am Abzug ziehen, um den ganzen Prozeß in Gang zu bringen. Das kann nicht jeder. Wer es aber kann, der wacht jeden Morgen mit einem Lächeln im Gesicht auf.

TEIL V

Gewinnen versus verlieren

KAPITEL 14

Wie erfolgreiche Day Trader denken

In meiner langen Laufbahn hatte ich das Glück, einige der berühmtesten Trader meine Freunde nennen zu dürfen. Ich habe mich daher entschlossen, im folgenden einige Gedanken von Top-Tradern über erfolgreiches Kurzfrist-Trading zu zitieren.

Einige dieser Trader haben auf allen Futures-Märkten Erfahrungen gesammelt. Einige haben ihre eigenen Clearing-Firmen besessen und geleitet und Gelegenheit gehabt, für viele Trader Mentoren zu sein. Einer dieser Trader blickt auf 40 Jahre Erfahrung zurück, die anderen durchschnittlich auf 20 Jahre. Jeder tradet mit Erfolg für sich selbst und/oder für andere.

Ich denke, ihre Ansichten vermitteln einen wirklichen Einblick, wie sie arbeiten und warum sie es schaffen, so erfolgreich zu traden.

Joseph Siegel

Die Ansicht Joseph Siegels: »Alles erfolgreiche Trading läuft auf drei Dinge hinaus: Wissen, Nerven und die Fähigkeit, Geld zu verlieren.«

»Jeder kann Geld verlieren, aber man braucht gute Nerven, um zu verlieren und sich dennoch dafür zu entscheiden, im Spiel zu bleiben ... um zurückkommen zu wollen ... um kühn genug für die Überzeugung zu sein, daß man so clever ist, seinen Trade zu machen, Gelegenheiten zu nutzen und Geld zu verdienen. Die Fähigkeit, trotz Verlusten zurückzukommen, ist nach meiner Erfahrung ein sehr wichtiger Faktor. Geld zu verlieren und sich dadurch entmutigen zu lassen ist sehr leicht. Man braucht sehr großes Selbstvertrauen, um zurückzukommen und effektiv zu traden, obwohl einem der Markt einen Tiefschlag versetzt hat. Jeder Trader kann sehr profitieren, wenn er lernt, wie man Selbstvertrauen aufbaut. Selbstvertrauen erwächst aus dem Glauben an sich selbst, der auf harter Arbeit und diszipliniertem Trading beruht. Übertreiben Sie Ihr Trading nicht. Fangen Sie langsam an, arbeiten Sie sich hoch und seien Sie nicht neidisch auf die anderen Trader. Es ist gleichgültig, was die anderen tun! Wenn Sie lernen, sich selbst zu verstehen, haben Sie allen anderen etwas voraus.«

Gene Agatstein

Gene Agatstein bemerkt: »Erfolgreiches Trading ist eine psychologische Frage von Selbsteinschätzung und Selbstvertrauen. Wenn Sie lange und intensiv genug traden, spricht sogar die Statistik für Sie – wenn Sie nur Ihre Gewinne laufen lassen und Ihre Verluste begrenzen. Warum klappt das nicht bei jedem? Die Anwort heißt Selbstvertrauen.«

George Segal

George Segal formuliert es so: »Erfolgreiche Trader haben eine Persönlichkeit. Sie haben keine Angst davor, mit 20 Trades 19mal zu verlieren, denn der zwanzigste kann viel größer sein als die anderen 19 zusammengenommen. Sie wollen kein Geld verlieren. Sie wollen bewahren, was sie haben und warten auf die Gelegenheit, eine Menge Geld zu verdienen.

Sie sind bereit, einen Verlust zu akzeptieren und hinzunehmen, zurückzukommen und einen neuen Trade einzugehen, weil sie wissen, daß es immer ein morgen gibt. Auch morgen kann man noch traden. Sie wollen keinen großen Verlust riskieren.

Wer vor dem Trading Angst hat, sollte es nicht tun, auch wenn es sich nur um einen einzigen Kontrakt handelt. Nach meiner Meinung haben viele Leute mit dem Trading aufgehört, weil sie Angst davor hatten.«

Linda Bradford Raschke

Linda Bradford Raschke sagt: »Meine Philosophie ist es, alles zu machen, was funktioniert und mir Profit bringt. In erster Linie geht es mir darum, meinen Lebensunterhalt zu verdienen; nicht darum, über Nacht Millionärin zu werden. Ich muß Brot und Butter auf den Tisch bringen, muß meine Rechnungen bezahlen. Ich muß meinen Lebensunterhalt verdienen. Darum übe ich meinen Job aus, und ich brauche ein regelmäßiges Einkommen. Das ist auch der Grund, warum ich mich auf kurze Zeitrahmen zu konzentrieren versuche: Ich mag einfach den Komfort kleiner, regelmäßiger Gewinne. Was ich noch betonen möchte: Es ist wichtig, beständig zu sein, egal, ob Sie kurzfristig traden, ein mechanisches System anwenden oder eine Methode, wie ich sie lehre. Trading ist nur ein Spiel mit Zahlen, das ist alles. Man bekommt einen kleinen Vorteil: Einen kleinen Arbitragegewinn oder so etwas wie ein Kursmuster – irgend etwas, das einem diesen Vorteil gibt. Der Rest ist ein Zahlenspiel. Sie sagen: Ich muß 100 Trades machen, von denen 65 Gewinne und 35 Verluste bringen. Das ist meine durchschnittliche Verlustquote. Sie müssen diesen Durchschnitt beständig erreichen. Wenn Sie ständig verlieren, ist es vielleicht an der Zeit, die Methode zu ändern. Man muß die Dinge also im langfristigen Zusammenhang betrachten.

Obwohl ich meine Erfolgsquote täglich kontrolliere, sehe ich nicht unbedingt auf jeden einzelnen Trade. Ich bin zwar Kurzfrist-Traderin, aber das heißt nicht, daß ich Positionen nicht auch einmal längerfristig halte. Glauben Sie mir: Ich habe schon einmal eine Position aufgebaut und sie drei Monate lang gehalten. Ich sehe einfach nicht auf eine solche Position; ich muß sie aus meinem Computer löschen, aus meinen Aufzeichnungen und aus meinem Gedächtnis, denn sonst komme ich in Versuchung, mit ihr zu spielen. Zum Beispiel diese saisonalen Trends: Manchmal machen sie mich verrückt. Obwohl sie funktionieren, schaue ich mir diese Position an, und ich weiß, daß ich sie noch drei

Wochen halten werde. Aber ich möchte gerne damit herumspielen.

Man muß eine Methode anwenden, die zu einem paßt. Auf dem Börsenparkett bauen wir ständig Positionen auf und stellen sie wieder glatt. Das ist einer der wichtigsten Bestandteile meines Risikomanagements: Ich stelle ständig Trades glatt. Man muß eine Situation herstellen, in der man nur gewinnen kann. Nehmen Sie ein wenig Geld aus dem Spiel und streichen Sie Teilgewinne ein. So können Sie nämlich nicht verlieren. Wenn der Markt dann gegen Sie läuft, haben Sie zumindest ein wenig verdient. Wenn er zu Ihren Gunsten läuft, können Sie wieder einsteigen. Man darf nicht gierig werden. Jeder muß festlegen, welche Methode zu ihm paßt. Ein Zeitrahmen oder ein Trading-Stil an sich ist weder falsch noch richtig, aber in meinem Kopf gibt es eine Art Landkarte. Sie lehrt mich, zu antizipieren und einen Plan zu entwickeln. Ich beobachte die Marktentwicklung. Wenn der Markt sich so verhält, wie ich es erwartet habe, steige ich ein.«

Donald Sliter

Nach Donald Sliters Meinung ist Beständigkeit der Schlüssel für erfolgreiches Day Trading: »Eines meiner Ziele ist es, Disziplin zu wahren. Ein zweites, daß ich es mir nicht erlaube, faul zu werden. Ich will jeden Tag traden. Das ist mein Job. Ich sehe mich als Arbeiter mit dem Einkommen eines leitenden Angestellten. Seit November 1986 hatte ich keinen einzigen Verlustmonat, das können Sie mir glauben! Ich mache einfach jeden Tag mit kleinem Einsatz weiter. Inzwischen sind die Einsätze nicht mehr ganz so klein, aber meine Einstellung ist die gleiche geblieben. Für andere Leute sind die Beträge enorm. Ich habe die Leute beobachtet, die die ganz großen Treffer gelandet haben, aber das ist einfach nicht mein Stil. Ich lege nicht alle Eier in einen Korb, denn ich glaube nicht daran.«

KAPITEL 15

Die Grundlagen des erfolgreichen Day Trading

PRINZIPIEN DES ERFOLGREICHEN DAY TRADING

- Begrenzen Sie Ihre Verluste.

- Glauben Sie an sich und an die unbegrenzten Möglichkeiten des Markts.

- Wenden Sie ein gut definiertes Risikomanagement an.

- Kaufen Sie nicht, weil ein bestimmter Kurs erreicht ist.

- Achten Sie nicht auf Tips.

- Traden Sie nicht, wenn Sie zornig oder euphorisch sind.

- Traden Sie aggressiv, wenn Ihre Einstiegsmarken erreicht sind.

- Konzentrieren Sie sich auf günstige Gelegenheiten.

- Wenden Sie Ihr Day-Trading-System konsistent an.

- Seien Sie hochmotiviert.

- Traden Sie keine zu hohen Beträge.

- Lassen Sie einen Verlust nie außer Kontrolle geraten.

- Erzielen Sie hohe Gewinne und kleine Verluste.

- Hegen Sie keine Vorurteile gegenüber dem Markt.

- Halten Sie eine Kapitalreserve zurück.

- Denken Sie in den Kategorien von Wahrscheinlichkeiten.

- Traden Sie immer mit einer positiven Einstellung.

- Handeln Sie sicher und bestimmt.

- Der Markt hat immer recht.

Trading bietet viele Herausforderungen, aber – wie meist im Leben – kommt man mit Beständigkeit, Geduld, Selbstvertrauen und Kompetenz, vor allem aber mit der Bereitschaft zum Ziel, den erforderlichen Preis zu zahlen.

In »*The Mental Game*«, einem Buch über Tennis-Strategie, bemerkt der Autor James Loehr:

> »Viele Spieler meinen, sie müßten bei den wichtigen Punkten etwas Besonderes machen. Folglich verlassen sie oft das Muster und die Spielweise, die sie überhaupt erst bis zum »Big Point« gebracht haben. Wenn man zu früh zu viel will, bricht die Strategie zusammen. Bei den wichtigen Punkten kommt man leicht in Versuchung, den Gewinnschlag mit der geringsten Erfolgswahrscheinlichkeit anzuwenden, auch deshalb, um diese mit starkem psychischen Druck verbundene Situation schnell zu beenden. In der Regel führt dies aber nicht zum Erfolg.
> Man kann seine Strategie auch dadurch zusammenbrechen lassen, daß man den Ball nur noch über das Netz schaufelt und hofft, der Gegner werde einen Fehler machen. Wenn man bei wichtigen Punkten allzu vorsichtig wird, dann ist dies in etwa so effektiv wie eine zu aggressive Vorgehensweise. Die alte Weisheit, daß man eine erfolgreiche Spielweise niemals ändern soll, stimmt noch immer. Man sollte den Stil beibehalten, der einen bis zu diesem wichtigen Punkt gebracht hat. Generell wird der am erfolgreichsten sein, der gelernt hat, bei entscheidenden

Punkten aggressives Tennis mit hoher Erfolgswahrscheinlichkeit zu spielen. Man sollte aggressiv spielen und den Gegner zu
einem Fehler zwingen, ohne selbst einen zu machen.
Dazu muß man sein eigenes Spiel gut kennen. Die allgemeine
Strategie für entscheidende Spielsituationen sollte lange vor
dem Match feststehen, und sie bricht zusammen, wenn man
sich nicht an sie hält.«

Diese Analyse gilt für Trading ebenso wie für Tennis. Man könnte
Trading als einen Geisteszustand beschreiben, einen aufregenden
Wettbewerb voller Herausforderungen, der zutiefst befriedigend
und finanziell lohnend ist. Einige Trader sehen es auch als eine
Kunstform wie die Bonsaizucht oder die Kriegskunst. Und wie in
diesen Kunstformen erfordert Trading seine eigene Disziplin in
der Form angemessener Ziele, Einstellungen und Strategien.

GRUNDSÄTZLICHES

Stellen Sie sich nun die Frage, die sich jeder erfolgreiche Trader
stellen muß: Bringen Sie alle erforderlichen Voraussetzungen mit?
Während Sie über die Antwort nachdenken, sehen Sie sich die
positiven Überzeugungen der Top-Trader an:

POSITIVE ÜBERZEUGUNGEN DER TOP-TRADER

- Ich glaube daran, daß ich ein erfolgreicher Trader bin oder sein
  werde.

- Ich glaube, daß ich exzellente Ergebnisse erreichen kann.

- Ich glaube, daß ich gewinnbringende Trades erkennen und ausführen kann.

- Ich glaube, daß ich mit Selbstvertrauen traden kann.

- Ich glaube, daß ich ohne Anstrengung und automatisch traden
  kann.

- Ich glaube, daß jeder Tag neue Chancen bietet.

- Ich glaube, daß ich selbst für meine Trading-Ergebnisse verantwortlich bin.

- Ich glaube, daß ich erfolgreich sein kann, ohne perfekt zu sein.

- Ich glaube, daß meine Leistung als Trader sich nicht auf mein Selbstwertgefühl auswirkt.

- Ich glaube, daß ein schlechter Trade nicht mehr ist als eben ein schlechter Trade.

- Ich glaube, daß Trading ein Prozeß ist.

- Ich glaube daran, daß ich einen entscheidenden Vorteil habe, wenn ich an mich und an eine bewährte Methode glaube und jeden Trading-Tag mit einer frischen, positiven Einstellung beginne.

Wenn man klug vorgeht und seine Risiken gut begrenzt, bietet Trading ungeahnte Möglichkeiten. Es ist eine intellektuelle Herausforderung und bietet Menschen mit unabhängigem Geist die Möglichkeit, eine erfüllende und profitable Tätigkeit auszuüben. Day Trader können ständig Geld verdienen – und sie tun es auch.
Viel Erfolg beim Trading!